高速無料化が日本を壊す

上岡直見

コモンズ

はじめに

鳩山由紀夫首相は二〇〇九年九月二二日に、国連気候変動に関するハイレベル会合において、「科学が要請する水準に基づくものとして、温室効果ガスの排出を二〇二〇年までに一九九〇年比二五％削減をめざす」という日本の新たな中期目標を表明した。また、これに対応して「温暖化対策基本法」の制定が準備されている。いずれにしても二〇二〇年の中期目標、さらにその先の五〇年の長期目標に向けて、温暖化対策を加速していかなければならない。

ところが、それに逆行する政策が同時に実施されようとしている。高速道路の無料化（以下「高速無料化」という）である。その目的として、「ムダな道路事業の抑制」「地域の活性化」などが、また現象面では「自動車からのCO_2排出量を減らす」「交通事故を減らす」などが掲げられている。筆者もこれらの趣旨にはすべて賛成であり、実現を期待したい。ただし、高速無料化はその手段として有効ではなく、むしろ逆効果をもたらす可能性が大きい。

こうした見当違いの選択に陥る理由は、基本的な情報や分析に基づかずに、期待を結論に置き換えただけの議論にとどまっているためである。さらに、自動車に依存した社会・経済のあり方を変えずに、表面的な対策で問題を回避しようとすることが、より本質的な誤りである。一方で、国民の意識はすでに変わっていて、最近の内閣府世論調査では「歩いて暮らせるまちづくり」を九割以上の人が支持している(「歩いて暮らせるまちづくりに関する世論調査」二〇〇九年七月)。

高速無料化は自動車の走行を促進し、自動車への依存を強化する。その結果、道路整備への要求が高まり、「ムダな道路事業を止める」という動きも妨げられる。自動車を自由に使える経済的・社会的状況にあるドライバーにとっては単純に歓迎すべき施策であるとしても、国民全体に利益がもたらされるかどうかは疑問が多い。本書では、専門的な事項をわかりやすく解説し、客観的に数字で、高速無料化の是非を判断する手がかりと、将来への提案を示したい。

プロローグでは、高速無料化についての論点を要約した。数字的・理論的な根拠については該当する各章を参照していただきたい。

第1章では、日本の道路政策をめぐって敗戦後から現在まで、どのような経緯と議論があったのかを整理し、高速無料化や自動車関係の諸税に関して提起されている論点をまとめる。

第2章では、高速道路を含めて国内の道路全体がどうなっているか、どんな自動車がどのように走っているかなどの基本知識を整理し、料金その他の条件を変化させるとどんな現象が起きるのか、どうやって予測するのかといった考え方を紹介する。高速無料化による渋滞解消や経済効果といっても、定量的な分析をしなければ、言葉の上の期待にとどまる。

第3章では、こうした基本情報や手法を使って、高速無料化によって国内の交通体系がどのように変化するかを検討する。交通とは、人びとが何をしたいか、人や物がどのように動くかというニーズから発生するものである。ある部分の変化は、他の部分に連鎖的に変化を及ぼす。第4章では、私たちのまちや暮らしがどのような影響を受けるのか、交通事故・子ども・家計などがどうなるのかを考察する。

第5章では、新政権の温室効果ガス削減に対する積極的な姿勢に対応し、CO_2排出量削減の観点から高速無料化や自動車税制、技術的対策を検討する。

第6章ではまとめとして、民主党がマニフェストと同時に発表した政策集「INDEX2009」に記載されている交通基本法について紹介するとともに、低炭素社会は実現可能かについても試算を示す。高速無料化に関する議論が高まったことは、一面では「人びとの暮らしと交通」を改めて考える好機でもあり、持続的な社会をめざすための交通体系はどうあるべきかを提案したい。

政権交代により、社会のさまざまな分野での変化が期待されている。しかしそれは、国会での議席分布が変わっただけで実現するわけではない。新政権の「コンクリートから人へ」の理念も、依然として「コンクリート」を望む人びとが多ければ、むしろ地方分権や財源移譲をきっかけに、自治体のレベルで後戻りしてしまう可能性も大きい。すなわち、国レベルでの政権交代が起きたからこそ、地方自治の役割と、政策への市民参加の重要性がいっそう大きくなったのである。

本書執筆の時点では、新政権の内部で見解が統一されていない事項も多く、日々変動している。

単行本では即応的な変更は不可能なので、執筆後の状況変化によって内容の不適合が生じた場合にはご容赦いただきたい。

なお本書では、乗用車（ワゴン車、バンなどの形態も含む）の個人や企業での利用、いわゆる「マイカー」「クルマ」と通称される利用の形態を「自動車」と表記している。バス・トラック・タクシー、その他の業務用車も物理的には自動車の一種であるが、公的な調査では前述の利用形態が「自動車」と表記されることが多い。そこで、そうした慣例に合わせた。また、ホームページの参照は執筆時点のものであり、提供者によって予告なく削除されたり変更されたりする場合があるので、ご了解いただきたい。

プロローグ
高速無料化の何が問題か

高速無料化について、二〇〇九年三月に民主党が発表した高速道路政策大綱（以下「大綱」という）や、無料化を提唱する論者は、いくつかのメリットを提示している。大綱の内容は〇九年八月の衆議院議員選挙におけるマニフェストおよび政策集の基ともなった。しかし、メリットの一方で、デメリットに対する検討がなければ、総合的に国民に不利益がもたらされる。また、高速道路だけに注目して論じるのではなく、交通政策・都市政策など総合的な視点で捉えなければならない。本書では、それらの基本的な知識と考え方を紹介しながら、高速無料化の問題点を考える。

なお、筆者は、二〇〇九年三月に開始された「ＥＴＣ割引（上限一〇〇〇円、大都市近郊区間を除く土曜・日曜・祝日）」（以下「ＥＴＣ休日割引」という）のほうが好ましいと考えているわけではない（ＥＴＣは高速道路の料金自動収受システム）。両者はいずれも自動車をより安く利用できるようにする施策であって、程度の差にすぎない。無料化は値下げの一種で、その極端なケースである。詳細は該当する各章を参照していただくこととして、以下にどんな問題があるのか要点を示す。

国民の負担が減り、企業活動コストが引き下げられるのか

【無料化により、最大二・五兆円の国民負担の軽減が可能となり、物流コストの低下などを通じ、家計の消費増や企業の設備投資・賃金引き上げなどに波及すれば、内需拡大に繋がる。また、高速道路の利用や一般道の渋滞緩和で国民の時間コストを大幅に削減することができる】（大綱）。

だが、自動車を所有し、高速道路の走行量が多い家計にとっては負担軽減になるとしても、そ

れ以外の家計には該当しない。それどころか、高速無料化の影響で地域の鉄道・バスが廃止されて、自動車を使えない人びとがタクシーを使わざるをえなくなると、全国で二兆六〇〇〇億円の負担増加となる可能性がある（第3章）。また、大綱では、今後の高速道路整備は国の一般財源により行うと述べるが、仮に新規の建設を全廃したとしても、既存の道路の補修は中止できない。それらを国の一般財源で補填すれば、高速道路を利用しない納税者もその費用を負担することになる。すなわち、負担の軽減ではなく、分散・移転にすぎない。

高速無料化と物価の低下の関連については、たしかに効果はゼロではないが、全国的に無料化したとしても、平均的な世帯で月に二〇〇円以下の額である（第4章）。前述のように、結局は各種の負担としてつけがまわってくる可能性も考慮すれば、総合的に企業や国民の利益にはならない。なお、大綱で「時間コスト」とされる内容は、無料化で一般道の交通量の一部が高速道路に移行することによる時間短縮効果を指すと思われる。これについては、後述する「経済効果があるのか」で言及する。

地域間交流・地域活性化が進むのか

【高速道路が「生活道路」「地域道路」として利用できるため、地域間交流の活性化が期待できる。同時に都市との交流コストが大幅に引き下がり、地域産品の需要地への進出拡大、地域の観光産業の活性化（SA、PA〔＝サービスエリア・パーキングエリア、筆者註〕の活用を含む）、地価

の安い地域への企業進出などが期待できる】（大綱）。

統計によると、自動車の使用一回あたりの走行距離は全国平均で一四㎞程度だ。すなわち、自動車の移動のほとんどは地域内の短距離移動である。無料化とともに出入口の増設も提案されているとはいえ、生活交通としてわざわざ高速道路を利用する機会は限定的であろう。

地域活性化の前提は、地域そのものの魅力と持続性を高めることである。それと別個に交通を便利にしても、むしろ地域から大都市へ人や経済活動が吸い取られ、一極集中（東京の一人勝ち、あるいは北海道内の札幌集中、九州内の福岡集中など）を招く。観光の活性化や企業進出の効果は、日本全体としての経済活動の量、いわゆる「パイの大きさ」が増大しないかぎり、ある場所から別の場所へ生産や消費の移転を生じるだけである。

そして、派生的な影響として、公共交通の経営が圧迫され、路線の廃止や減便を招く。すでにＥＴＣ休日割引の段階でもその影響は現実に発生しており、無料化ではさらに拡大する。自動車を自由に利用できない人びとにとっては、活性化どころか移動の自由が制約される。

地球温暖化対策になるのか

【「渋滞の一般道・ガラガラの高速道路」をもたらしているのは高い高速道路料金である。無料化により、一般道の交通量の一部が高速道路に移行すれば渋滞が解消・緩和されることから、CO_2の発生が抑制できる】（大綱）。

具体的には、全国的に無料化した場合、CO_2の排出量が三一〇万t減少するという。これは国土交通省（国土技術政策総合研究所が実施）のシミュレーションに基づいているが、全体で自動車交通量が一定という条件での推計である。実際には、新たな自動車交通の誘発、鉄道・バスなどの他の交通機関からのシフトが起きることを考慮しなければならない。

すでにETC休日割引の段階でその影響が実際に観察されているから、無料化によってさらに増加する。それらの要因を考慮すると、部分的にCO_2排出量の減少になる要因はあるとしても、国内全体としては増加する。現在までに、それぞれ立場の異なる複数の専門機関が、増加要因も考慮したシミュレーションを報告しているが、すべての検討でCO_2排出量の増加が予測されている（第5章）。現時点では、高速無料化でCO_2排出量削減という説明は考慮の対象外と考えてよいだろう。

道路建設が抑制されるのか

【一般道の渋滞を解消するためのバイパス道路建設などが各地で見られるが、現在既にある高速道路を有効に活用することによりバイパス道路建設を抑制でき、国・地方の財政負担の軽減に繋がる】（大綱）。

現実に、こうした条件の地域が全国で今後どれだけ発生するだろうか。全国の自動車交通量は二〇〇三年の七九三〇億台・km（旅客・貨物合計）をピークにその後は減少を続けており、単に道路建設を止めればよいだけではないだろうか。高速無料化と対にして論じる必然性はない。

それどころか、高速無料化は自動車の利用を促進し、減少傾向にある自動車交通を増加させる。そうなれば、道路建設を求める政治的・社会的圧力が強まる。現に二〇〇九年一〇月には、新政権の補正予算の見直しによって地方の高速道路の車線増強事業が凍結されたことに対して、四国など八県の知事らが「高速道路の料金引き下げで交通量が増加し、渋滞も増えている」などの理由をあげて、事業を早期に実施するように国土交通大臣に申し入れたという。無料化を実施して高速道路の交通量が増えれば、全国で同様の事態が多発する。ムダづかいの抑制どころか「高速道路活用」の名目で道路建設促進の理由づけを与えかねない。

経済効果があるのか

大綱では「経済効果」という用語を使用している。費用便益分析の観点でみた場合に約二・七兆円の便益があり、消費者余剰アプローチの観点でみた場合は約七・八兆円の便益があるという。これらも前述の国土交通省の報告書に基づいた数字である。

この便益とは、おもに高速無料化による時間短縮効果を金額に換算した数字である。また、消費者余剰アプローチとは、利用者側の料金節約額なども加えた金額である。しかし、これらは道路事業の費用対効果を評価する際に使用される数字であって、国土交通省の報告書にも「経済効果」という用語はまったく用いられていない。説明もなく「経済効果」と読み換えることは誤りであり、文章上の修飾にすぎない。

たとえば前者の時間短縮効果は、金額として算出はされるが、企業や家計の所得ではないから、消費増大効果や税収効果とは結びつかない。後者の消費者余剰についても、その一部は消費や企業の投資にまわる可能性はあるが、報告書では数量的な効果については検討されていない。しかも、国土交通省の報告書を検討したところ、時間を金額に換算する際に、過大な換算係数を使用していることがわかった。これまでの「ムダな道路建設」の議論で「建設を正当化するための過大な推計」として指摘された計算方法が、見直されずに使われている。

債務の返済をどうするのか

過去の高速道路の建設によって、二〇〇九年時点で約三五兆円の累積債務が存在している。債務は、無料化の有無にかかわらず返済しなければならない。

大綱では「無料化による財政負担」を説明しているが、その内容は、累積した高速道路建設の債務の返済方法についてである。基本的な考え方は「日本高速道路保有・債務返済機構」(二六ページ参照)が保有している債務を国が継承し、国債に借り替え、償還期限を延ばして処理するというものである。だが、これは債務の返済方法についての検討である。無料化によって返済期間が短くてすむとか、金利負担が少なくてすむという関係は、まったくない。もしそのような方法があるのならば、高速無料化の有無にかかわらず実施すればよい。

また、無料化が借り換えの条件になるという関係も存在しない。さらに、一般会計から債務返済への繰り入れを行えば、高速道路の便益を受けない国民や、自動車を利用しない国民にまで、高速道路の負担が拡散・移転される。どの政党が政権を担当するかにかかわらず、できるだけ国債すなわち借金を増やさないように努めなければならない。国の借金を増やしてまで無料化する合理性は、まったく説明がつかない。

暮らしやすくなるのか

大綱のほかに、無料化論者は次のような点をメリットとしてあげている。山崎養世氏の『道路問題を解く――ガソリン税、道路財源、高速道路の答え』（ダイヤモンド社、二〇〇八年）によると、以下の効果があるという。ただし、これらは無料化に加えて出入口の多数増設も伴う前提である。

「①通勤圏、生活圏が広がり、ゆったりとした住まいと余裕のある暮らしが実現できる。
②主要都市の過密とそれ以外の地域の過疎が緩和される。
③買い物、観光、旅、キャンプ、別荘などにかかわる移動コストが減って、ライフスタイルが変わる。
④移動距離が広がることで、広々した介護施設や病院、学校などの生活関連施設が充実する。
⑤住宅、建設、不動産取引が活発になる。
⑥物を運び販売する時間とコストが大きく下がる（運輸、小売り、農林漁業等で効果大）」

個別の検討は第4章で行うが、山崎氏は基本的に人びとが自動車を利用して郊外にゆったりと住むことが生活の質の向上になると考えているらしい。けれども、これは逆である。①から⑤については、経済的に余裕があり、かつ自動車の運転に支障がない人にとっては、部分的にメリットかもしれない。しかし、多くの国民にとってはむしろ負担が大きくなる。「移動距離が広がる」とされているから必然的にCO_2の増加にもつながるが、それは問題のごく一部にすぎず、他に多くの社会的な損失をもたらす。

自動車を利用できる人にとっても「部分的」と限定したのは、たとえば誰でも日常の買い物は不可欠だからである。自動車がなければ外出もできないような場所に移住すれば、子育てにも支障が増す。二〇〇九年七月に公表された内閣府の世論調査では、「歩いて暮らせるまちづくり」を支持する人が九割以上を占めた。おもな理由の一つに「高齢者などの自動車を利用できない人も生活しやすい環境になる」があげられている。自動車の利用を促進すると暮らしの質が向上するという発想は、時代おくれなのである。

多くの自治体では、これからの人口減少社会のもとで郊外に拡散した都市は行政経費の増大を招く結果になるとして、「コンパクトシティ(さまざまな都市機能やサービスが集中した都市)」政策を指向している。生活とは、土地を取得して住宅を建てればすむことではない。教育(保育)・福祉・上水道・下水道・ごみ収集、さらに雪国では除雪など、人口密度が低いほど、住民一人あたり公的サービスのコストがかかる。それらも税金により賄うしかない。結局のところ高速無料化は、きわめて局部的なメリットのために、多くの国民の負担を増す結果を招く。

「社会実験」を行う必然性があるのか

無料化は、試行区間で社会実験をしながら二〇一二年度までに段階的に実施するとされ、そのために一〇〇〇億円の予算が決定された。だが、このように巨額の規模では「実験」とはいえない。前述のように無料化は値下げの一種であり、ETC休日割引はじめ各種の試みがすでに各地で実施されているから、それらの結果を利用すればよい。さらに拡大して実施する意義は乏しい。あえて「実験」が必要とすれば、まるごと無料ではなく、物流コスト低減や大気汚染対策に関係の深い貨物車のみ無料というような多様な条件設定を検討すべきであろう。

また、最初に実験の対象になるのは、交通量が比較的少ない地方であろう。こうした地域では公共交通の経営基盤が弱く、高速道路にとっては「実験」かもしれないが、公共交通は壊滅的なダメージを受ける。「事業仕分け」の判定を受けて地方バス路線維持対策費も減額され、全体で六八億円しか計上されていない一方で、巨費を投じて地域の公共交通を壊滅させる「実験」を実施することは、「生活重視」を掲げる新政権の理念と矛盾する。

第1章
タダの道路はない

1 政権交代と道路政策

二〇〇九年八月の第四五回衆議院議員総選挙に際して、民主党はマニフェストおよび政策集で高速無料化と自動車に関する税の暫定税率の廃止を提示した。これらは相互に影響を及ぼし、自動車税制の全体的な組み換えも必要である。民主党の政策集「INDEX2009」では、高速無料化と暫定税率の廃止を単独に掲げているだけではなく、おおむね下記のような記述がある（二二ページ）。そこでは、暫定税率廃止は、あくまで自動車関連諸税の整理、道路特定財源の一般財源化、地球温暖化対策税の一ステップであると位置づけられている。

「①自動車関係諸税は自動車利用者に過重な負担を強いており、抜本的な整理が必要。
②二重課税の排除を行うと同時に、自動車の資産性や温暖化ガスの排出、交通事故、騒音などの社会的なコストに着目し、負担を求める。
③自動車重量税および自動車税は、保有税（地方税）に一本化し、自動車から生じる社会的負担に広く対応する地方の一般財源とする。
④ガソリン等の燃料課税は一般財源の「地球温暖化対策税（仮）」として一本化する。
⑤上記の改革を実現する第一歩として、暫定税率は地方分を含めてすべて廃止する。
⑥暫定税率廃止後においても、地方における道路整備事業は従来水準を維持する」

道路特定財源は「道路整備事業に係る国の財政上の特別措置法」によって、これまで自動車関連諸税の使途を道路整備に限定されていた。いわゆる「聖域」と比喩される扱いを受け、固定的な財源として存在していたのである。しかし、小泉純一郎内閣（二〇〇一年四月〜）の発足後から一般財源化の動きが具体化し、続く安倍晋三内閣（〇六年九月〜）にも引きつがれた。そして、〇六年一二月八日の臨時閣議で、揮発油税などを一般財源化するための法改正の実施などを決定した。その一方で、「真に必要な道路を計画的に整備する」として〇七年に「中期道路整備計画」を策定することを明記するなど、従来の枠組みの維持も織り込まれ、一進一退を繰り返しながら推移していく。

とはいえ、一般財源化そのものの方針は変わらなかった。福田康夫内閣（二〇〇七年九月〜）での与党協議などを経て、麻生太郎内閣（〇八年九月〜）は自動車関連諸税の使途を道路整備に限定していた条項を削除する道路整備事業財政特別措置法改正法案を提出。〇九年四月に衆参両院で可決・成立した。この改正案は民主党を含む賛成多数で成立している。したがって、一般財源化については、民主党の政策というよりも政権交代以前に決定していたことになる。

この結果、理論的には、自動車関連の税収を全額でも社会保障など他分野に使える枠組みが整った。二〇一〇年一月現在では道路予算が二割ほど削減される結果となったが、なお多くの予算が道路に使われている。

さらに、宙に浮いてしまったのが暫定税率の取り扱いである。もともと、暫定税率は道路整備に必要な財源を確保するためと説明されていたが、使途を道路に限定しないとなれば、その概念そのものが存在しなくなる。この特定財源の一般化は五五年ぶりの重大な変化であり、自動車税制と道路財源の全面的な組み換えに関する広範な議論が必要である。ところが、現状では高速無料化と暫定税率廃止のみが注目され、その先のステップについては議論が乏しい。こうしたなかで、社会的には次のような反応が示されている。

①朝日新聞社の緊急世論調査（『朝日新聞』二〇〇九年九月一日）

高速無料化について　賛成二〇％、反対六五％（民主党投票者では賛成二七％、反対五六％）

②近畿地方中心の一〇〇人に対する産経新聞の緊急アンケート（『産経新聞ネット版』二〇〇九年九月七日）

高速無料化について　賛成二五人、反対七五人

③報道各社による全国都道府県知事アンケート

日本経済新聞社実施（二〇〇九年九月五日）

高速無料化について　賛成三人、反対一六人

毎日新聞社実施（二〇〇九年九月六日）

高速無料化について　賛成二人、反対一五人

暫定税率廃止について　賛成一人、反対一八人

共同通信社実施（二〇〇九年九月一二日）

高速無料化について　賛成三人、反対一六人、保留二八人（具体策が不明など）

暫定税率廃止について　賛成二人、反対二〇人

④滋賀県の嘉田由紀子知事コメント（『京都新聞』二〇〇九年九月一二日）

暫定税率廃止による交通量増加で環境への負荷が増すとの観点から、暫定税率に代わる新税を創設し、財源を地方に渡せば温暖化対策もできる。

⑤バス事業者からの反応

九州バス協会は、公共交通から高速道路への利用者シフトが予想され、並行する生活交通にも影響の可能性があると表明（『毎日新聞』ネット版、二〇〇九年九月九日）。

⑥物流事業者からの反応

荷主からの値下げ圧力が強まる。渋滞で到着時間の遅れなどの混乱が生じる可能性も。

⑦鉄道事業者からの反応

ＪＲグループ七社は「高速道路網と競合関係にある地方圏の鉄道ネットワークに大きな影響が生じる」として、慎重な対応を求める要望書を国土交通省に提出した（『読売新聞』二〇〇九年一〇月二日、その他各社報道）。

これらの結果からみると、懐疑的な意見が多い。ただし、サンプル数が少ない調査もあり、前述のように自動車関連の諸税と道路財源システムの改革全体を前提としての議論にはまだ至っていないように思われる。また、高速無料化と暫定税率の廃止は、ムダな道路建設を止めるという

全体構想の一環であったはずなのに、道路事業の停止は局部的な議論にとどまっている。後述するように高速無料化と暫定税率を廃止し、さらに高速道路事業の累積債務の返済にも充てるとすると、日本全体として道路事業は従来の半分以下に縮小せざるをえない。この関係については、多くの人が現実感をもって考えていないように思われる。

なお、新政権発足後、税収確保の観点などから、暫定税率分の課税が当面維持されることになった。ただし、将来は「環境税(具体的な内容は未定)」への移行が検討されている。また、原油価格が高騰した場合には、暫定税率分の課税を中止する連動制が同時に導入される。

2　道路財源に関する議論の経緯

自動車関係の諸税と道路財源のあり方については、最近になって始まった議論ではなく、これまでに長い経緯がある。このうち、道路整備に目的を限定した特定財源の経緯を示しておこう。

まず、揮発油税は一九四九年に復活(一九四三年に配給制となり一時廃止)されたが、この時点では特定財源ではなかった。当時は敗戦直後でエネルギーの供給が不足し、現在のような自動車の普及は想定されていない。むしろ、消費統制的な性格を有していた。だが、経済の復興とともに道路整備の財源として揮発油税を利用する方向に転換し、一九五四年に特定財源化された。一般財源化を「五五年ぶり」(二二ページ)とするのは、この起点からである。

その後、経済の高度成長期を迎えてますます道路整備の推進が要請されるようになったことを受けて、石油ガス税が一九六六年に（その二分の一を石油ガス譲与税として地方に譲与）、自動車重量税が七一年に（その四分の一を自動車重量譲与税として地方に譲与）、また地方税として、地方道路譲与税が五五年に、軽油引取税が五六年に、自動車取得税が六八年に、それぞれ創設される。これら自動車関連諸税の道路整備に限定した使用については、道路整備事業財政特別措置法が根拠となっている。

税の種類とともに、暫定税率も議論となってきた。道路財源の不足を補うため、一九七四年に二年間の時限措置として、揮発油税や自動車重量税などに対する割増し税率が設定される。これは「暫定」としながらも、現在に至るまで二年ごとに毎回同じ内容で継続されてきた。たとえば揮発油税については、本来はガソリン一ℓあたり二四・三円（本則税率）のところ四八・六円、すなわち二倍の暫定税率が設定されている。同様に、自動車重量税に対して二・五倍、地方道路譲与税に対して一・二倍、軽油引取税に対して二・一倍、自動車取得税に対して一・七倍である。当初の目的は当面不足する道路財源の緊急的な確保という趣旨だったが、やがて暫定税率も含めた税収を前提として事業が計画されるようになり、暫定といいながら固定化した税率が続けられてきた。

また、二〇〇五年一〇月に旧道路公団が解散し、組織の改変が行われる。こうして誕生したのが、道路の建設・運営を主とする東日本・首都・中日本・西日本・阪神・本州四国連絡の六道路会社（いずれも正式名称は「高速道路株式会社」が後につく）と、旧道路公団の債務を引き受けるとともに、道路資産を保有し、高速道路会社に貸し付けて貸付料の支払いを受ける（独立行政法人）日本高速道路保有・債務返済機構（以下「債務返済機構」という）である。

さらに、二〇〇九年の特定財源の全面的一般財源化の前に、〇六年度から部分的に一般会計に計上する枠（六〇〇〇億円前後）が設けられた。そして、本四連絡橋の債務処理、まちづくり交付金、ＥＴＣの普及促進、大型車排気ガスフィルター助成などに支出されている。これらも結局は道路関係の使途であるが、自動車関連団体は特定財源の目的外流用であると批判し、こうした支出を続けるのであれば暫定税率を解消して、その分だけガソリン・軽油を値下げすべきであると主張してきた(1)。

一方の高速道路については、意外にも特定財源化よりも前の一九五二年に有料道路制度が設けられ、構想がつくられている。しかし、日本の財政力では高速道路を公費で整備する余裕はなかったため借入金によらざるをえず、その償還に料金収入が必要であった。こうして五六年に日本道路公団が設立され、高速道路ネットワークの整備が開始される。なお、当時の一般道路は幹線国道でも砂利道が残るような状態である。

高速道路は、料金収入で借入金を償還し、完済すれば無料開放するとの計画であったが、全国に高速道路ネットワークが延伸されるとともに、償還どころか累積債務が発生していく。しかも、交通量の少ない不採算路線も整備されるようになり、黒字路線の収益で赤字路線の整備を行

表 1―1　道路財源をめぐるおもなできごと

	社会情勢	高速道路	自動車関係の税制
1945	敗戦		
1949			揮発油税創設(当初は消費統制、54 年に特定財源化)
1956		日本道路公団設立	
1964	東京オリンピック開催		
1965	免許保有者2000万人突破	名神高速道路全線開通(小牧～西宮)	
1969		東名高速道路全線開通(東京～小牧)	
1971			自動車重量税創設(この時点までに特定財源６種創設)
1972	田中角栄『日本列島改造論』出版	「プール制」導入	
1973	乗用車の窒素酸化物規制開始		
1974	石油ショックで東京モーターショー中止		
1980	日本の自動車生産台数が世界一となる		財政再建の観点から一般財源化の議論(成文化せず)
1982		中央自動車道全線開通(東京～小牧)	
1997	京都会議(COP3)		
2003	第43回衆議院議員総選挙	民主党マニフェストで高速無料化を提案	揮発油税・軽油引取税の暫定税率の期限切れるも、延長と決定
2004			財政再建の観点から一般財源化の議論が再燃(成文化せず)
2005	第44回衆議院議員総選挙	道路関係公団民営化、道路会社・債務返済機構発足、新直轄方式導入	
2006			道路特定財源一般化を閣議決定、部分的に実施
2007	道路整備中期計画策定		
2008	第169回通常国会(通称「ガソリン国会」)		４月のみ暫定税率撤廃、５月以降復活
2009	第45回衆議院議員総選挙	ETC 休日割引(1000円高速)開始 民主党マニフェストで高速無料化を提案	道路特定財源一般化の改正法成立。55年ぶりに特定財源廃止 将来「環境税」への移行を前提として、暫定税率分の課税を当面維持と決定

う「プール制」が一九七二年に導入されて、現在に至っている。

こうした道路整備と自動車関係諸税に関する過去のおもな動きを表1―1に整理した。

3　最近の高速無料化論

「高速道路」と通称されている道路の中味は、必ずしも一様ではない。道路会社(旧道路公団)がおもに建設費を負担する区間や、国・都道府県・道路会社が分担して建設費を負担する国道扱いの自動車専用道路の区間などが混在し、構造や制限速度なども異なる。地方都市間では、「暫定二車線」として、本来の高速道路の規格を備えず(中央分離帯がないなど)、交差点がないことを除けば見かけが一般道と大差なく、法定速度も七〇km/時あるいはそれ以下に規制された区間もある。こうした多様性はあるが、本書でも通念にしたがって「自動車専用で、信号等がなく、一般道より高速で連続走行できる道路」を念頭において述べる。

高速道路の無料化は、二〇〇九年の総選挙ではじめて登場した議論ではない。「償還後は無料開放」の当初構想を盾に、無料化を主張する論者は少なくなかった。なかには二〇〇〇年前後から、有料制度に抗議するとして料金所を無料で突破する実力行使に訴える団体も出現したが、社会的な支持は得られていない。政策として明確に提案されたのは、第四三回衆議院議員総選挙(二〇〇三年一一月)に向けた民主党のマニフェストである。

また、無料化を提唱する代表的な議論は、山崎養世氏の『日本列島快走論』（NHK出版、二〇〇三年）と『道路問題を解く』（ダイヤモンド社、二〇〇八年）にまとめられている。高速道路に関する部分の提案を要約しておく。

①高速道路を無料にする。ただし、債務返済機構がかかえる累積債務の返済が前提となる。
②累積債務を低金利の長期国債に借り換える。
③道路財源の一部を長期国債の償還に利用する。
④新規の高速道路は、借入金でなく道路財源で建設する。
⑤従来のインターチェンジの間に、高速道路への出入口を多く増設する。
⑥高速道路を含めた道路計画の決定や建設の権限と責任を地方自治体に移譲する。

なお、この山崎氏の高速無料化論を含む道路政策に関する提案は、二〇〇九年八月の衆議院総選挙において民主党が提示したマニフェスト・政策集と対比すると、暫定税率の考え方などについて、基本的な前提でかなり相違する部分がある。山崎氏は、高速無料化と、暫定税率撤廃・道路特定財源の一般財源化の両立は無理と評価し、暫定税率の撤廃により燃料を安くして省エネに逆行することも疑問であるとしている（『道路問題を解く』一六九ページ）。

その後に提起された論点も含めてまとめると、**表1―2**のようになるであろう。それぞれの評価については、本書の各章で詳しくふれたい。

無料化の論点

土地利用	住宅や商業施設の郊外拡散を助長し、環境負荷と自治体の財政負担を増大させる。	通勤圏・生活圏が広がり、土地が活用される。
地域の活性化	効果は一時的·限定的であり、地域から人が流出する方向に作用するなど負の側面が大きい。	人や物の交流が盛んになり、経済効果がある。農水産物を安価・迅速に輸送できるようになる。
競合交通機関への影響	並行する鉄道・バス・フェリー・航空機など公共交通機関の経営を圧迫し、路線撤退が起きる。	一般道と高速道路の間での転換が起きるだけ。

暫定税率に関する論点

項　　目	暫定税率維持	暫定税率撤廃
税制論	自動車の社会的費用(の一部)に対応したものであり、利用者の負担が必要。	一般財源化され道路整備の目的税ではないのだから、暫定税率そのものの根拠がない。
道路事業・道路政策	【道路を必要とする立場】 必要な道路事業の遂行に支障をきたす。 【道路抑制の立場】 自動車の保有・利用の促進により、道路建設の圧力が高まる。他の財源を転用されれば、道路事業の抑制は疑わしい。	財源が制約されるから、ムダな道路事業が抑制される。
国民負担	補填財源として他の財源から投入すれば、受益者負担の原則に反する。	自動車利用者(個人・法人)の負担を軽減する。
大都市と地方	地方から大都市への一方的な移動の要因になり、かえって一極集中や格差拡大につながる。	大都市と地方の交流が促進され、格差の是正になる。
使途	道路利用者が負担した税であるから、道路以外への転用は不適切。	社会保障など他の使途に転用が可能となる。
環境への影響	燃料価格の低下は自動車燃料の消費量を増加させ、CO_2の排出量を増加させる。	CO_2の排出源は自動車燃料だけではなく、社会全体で考慮すべき。

表1―2　高速道路料金に関する論点

項　目	無料化批判	無料化支持
財源と税制	無料化するための費用が税金から支出される。すなわち高速道路を利用しない者の税金が転用されることになり、受益者負担の原則に反する。	高速道路の利用者は燃料関係の税金や自動車の取得・保有に関する税金を払っており、自動車関係の諸税を高速道路にまわせばよい。
建設や運営の費用	高速道路の建設費・維持補修費・運営経費の財源が失われ、他の財源から支出することになる。	経費が節減され、派生的な経済効果も合わせて便益のほうが大きい。
経営形態	税金を投入すれば実質的に政府直轄とせざるをえず、民営ではなくなり、行政改革の意義が失われる。	現在でも資本関係や経営者の点から国土交通省の支配下にあり、本来の民営ではない。関連事業の展開で本来の民営化をめざすべきである。
渋滞・時間効果	一般道からの交通量転換で高速道路の走行速度が低下し、総合的に効果が減殺される。	有料のために使われていない高速道路が有効に活用されるようになり、総合的に渋滞緩和になる。
地球温暖化	公共交通から自動車利用に転換する利用者が増加し、CO_2の排出量が増加する。	交通が円滑になり、CO_2の排出量が抑制される。派生的な議論として、期間限定やETC限定割引は交通量が集中するので逆効果という見解もある。また、低燃費車(あるいは化石燃料に依存しない自動車)の導入を促進する対策もある。
大気汚染・騒音	高速道路が混雑するため、大型車が市街地や都市中心部に逆流するようになる。	市街地や都市中心部を通過していた交通(大型車)が高速道路に迂回し、改善される。
交通事故	交通量の増加に比例して交通事故が増加する。	高速道路を利用したほうが自動車走行kmあたりの事故率が低い(交差点の有無などによる)。
物価への影響	物価の低減効果は微少であり、無料化を税金で補填すればむしろマイナスになる。自動車を保有・使用しない人も負担することになる。	物流コストが低減され、物価の低減につながるので、高速道路を直接利用しない人にも便益がある。

4　道路をめぐるお金の流れ

「タダの道路」はない

高速無料化の議論では、高速道路が有料か無料かを問題にしている。だが、一般道も無料ではない。「料金所でお金を集めていない」だけである。

自動車ユーザーは一般道の費用も負担している。経済学的に表現すると、料金を払わない利用者を排除する手段が講じられていないために、見かけは「無料」である。しかし、道路の建設・維持には必ず費用が必要である。国や自治体に税金を納めたうえで、再び分配されて整備・運用するしくみを原則としている。また、「外国では高速道路は無料」と主張する者があるが、この認識もまったく誤りである。道路の建設・補修に費用がかかる以上、そもそも無料はありえない。

一般道では、利用者は利用距離に応じて料金を払う必要はないが、燃料に関する税金は、利用者が使った分に応じて払うことになる。高速道路のように明確に距離制の料金ではないものの、擬似的には距離に応じた料金を負担しているとみなすことができる。一方で自動車重量税など、車種に応じて年間で一定額を負担する税もある。これらは、自動車を使っても使わなくても一定額である。このため、大都市に居住し、週末しか乗らない人にとっては、利用距離あたりでみれば割高になっているとも考えられる。

高速道路に一般道とほぼ同額の財源を投入

こうした各種の側面から、道路をめぐるお金の流れを整理してみよう。多くの人びとは、燃料に関する税金(いわゆるガソリン税など)で道路を整備していると認識しているだろうが、それは一部にすぎない。自動車の購入・所有・運転にかかわる税金や、道路の利用にかかわる料金(有料道路料金など)、あるいは自動車を運転する・しないにかかわらず負担する税金がどのように道路に使われているかについて、全容を把握している人は少ないのではないだろうか。高速無料化や自動車関連の税制変更にともない、流れは大きく変わる可能性もあるが、検討の前提として、従来のお金の流れを整理して図1―1に示す。

まず、一般道路事業と高速道路事業の区別からみていこう。二〇〇八年度において、一般道路事業の年間の総収入・総事業費は約七兆二〇〇〇億円である。同じく高速道路事業の年間の総収入・総事業費は約七兆円である。

一般道路事業と高速道路事業はおおむね同規模の金額が運用されており、原則として別建てとなっている。ただし、境界部分で債務返済機構への助成などのやり取りがある。高速道路は道路延長にして国内の道路の一%にも満たない。交通量としてみても国内の自動車交通の九%である。たしかに、高速道路は一般道より高規格でトンネルや高架部が多いために、単位長さあたりの費

図１―１　道路全体をめぐるお金の流れ

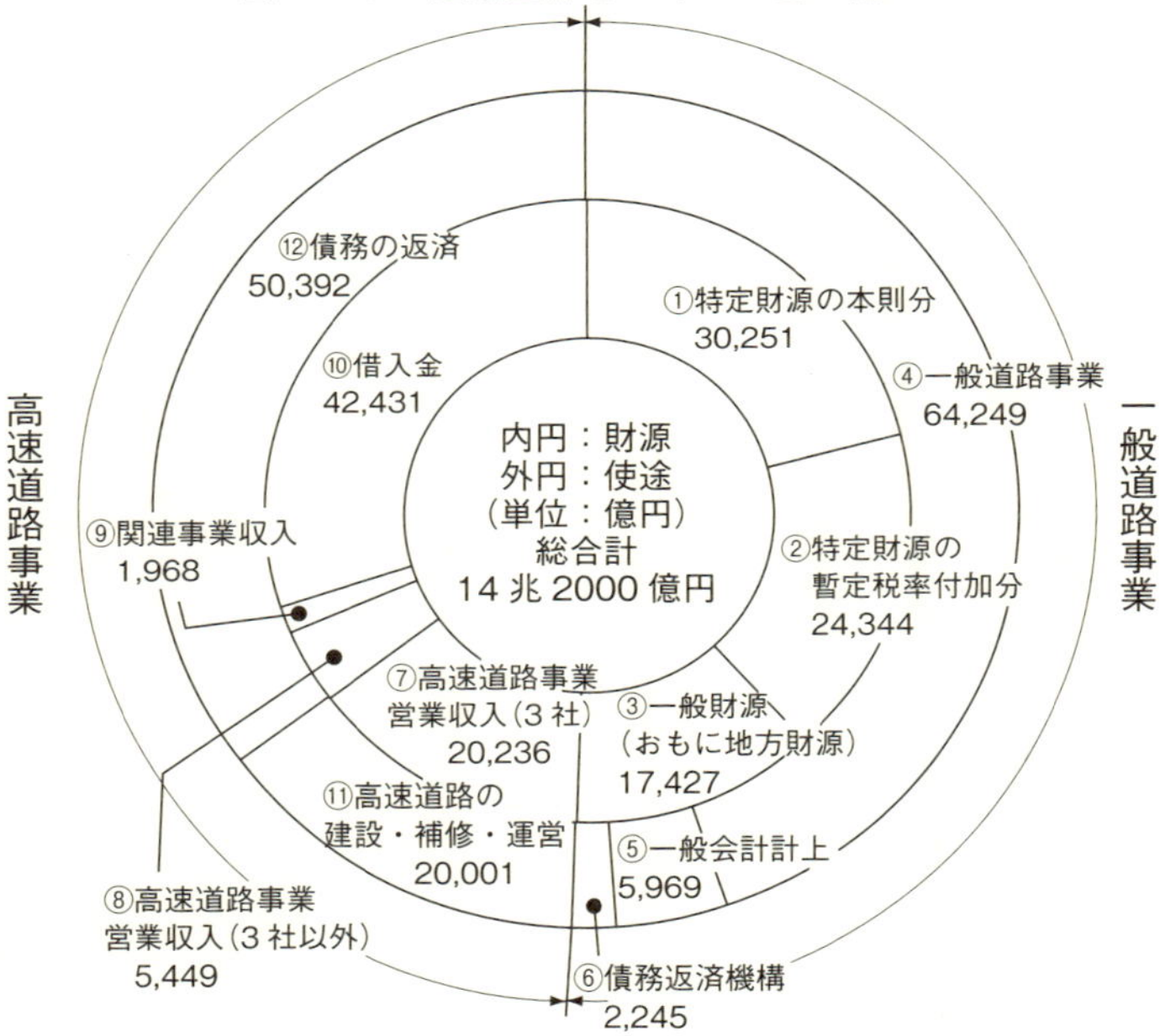

用はかかるとしても、道路延長にして国内の一％に、一般道と同規模の財源が投入されており、偏りが大きすぎる。

一般道路のお金の流れ

一般道路事業について内訳をみると、図の内円として示す一般道路事業の収入すなわち財源は、特定財源と一般財源（おもに都道府県・市区町村の一般財源）に分かれる。特定財源のうちいま議論となっている暫定税率を分けて考えると、収入すなわち財源は次の三つになる。

①特定財源の本則分――三兆二五一億円

②特定財源の暫定税率付加分――

二兆四三四四億円
③一般財源――一兆七四二七億円

この収入に対して、外円で示す事業費・支出は次の三つである。

④一般道路の整備（国道・地方道）――六兆四二四九億円
⑤一般会計計上分――五九六九億円（実質的には道路に関連する内容に充当）
⑥債務返済機構――二二四五億円

ただし、おもに地方財源である一般財源には、地方債すなわち借金も投入されている。このうち一定部分は地方交付税で補填され、残りが自治体（都道府県・市区町村）の債務となる。この分は毎年のお金の流れには登場せず、地方債のどれだけが道路に起因するかを分離するのも困難なので図示できないが、重大なグレイゾーンである。

また、地方交付税は国庫の支出であるが、要するに一般の税金であって、自動車を利用しない者も負担している。さらに、累積債務は自治体の財政を圧迫し、公共サービスの廃止・縮少をもたらす大きな要因になっている。なお、自動車を利用しない者も、物流（財貨やサービスの購入）を通じて間接的に道路の便益を受けているという指摘があるが、これについては後述する（第4章6）。

一般会計計上分の五九六九億円は、一般財源と称しているものの、使途を限定しない通常の一般財源ではない。高速道路料金の引き下げ、スマートインターチェンジ[2]の増設など、事実上は道路・自動車関連の施策に使われているので、結局のところ道路財源の一部である。なお、高速道路の通行料金については、ETC休日割引以前からも、各種の曜日別・時間別割引や、多数回利用割引が実施されている。これらを合計すると、正規料金収入に対して、約一〇％の割引に相当する額となっていた。

高速道路のお金の流れ

現状でいう高速道路事業について内訳をみると、図の内円として示す収入すなわち財源は、料金収入(営業収入)、関連事業収入、借入金から構成されている。

⑦高速道路事業営業収入(無料化の対象となる東日本・中日本・西日本三社)――二兆二三六億円
⑧高速道路事業営業収入(無料化の対象とならない都市高速道路など)――五四四九億円
⑨関連事業収入――一九六八億円
⑩借入金――四兆二四三一億円

これに対して外円で示す事業費・支出は、次の二つである。

⑪高速道路の建設・補修・運営――二兆一億円
⑫債務の返済――五兆三九二億円

仮に高速無料化を実施すると、⑦の二兆二三六億円が失われる。また、無料化は一般道路との財源の合体を意味するが、暫定税率を廃止すると②の二兆四三四四億円も失われる。それに合わせて事業規模を縮小するのであれば、一般道路事業はおよそ三分の二にしなければならない。高速道路事業は、建設・補修・運営がまったくできなくなる。そうした縮小が容認できないとなれば、別に財源を求めねばならない。

さらに重大な問題は、高速道路事業を日本全体の枠でみた場合、簡単にいえば収入が二兆二三六億円（無料化対象となる高速道路会社）と五四四九億円（無料化対象でない都市高速道路など）の合計に対して、債務の返済が五兆三九二億円もあり、そのうえで建設・補修・運営を行なっている状態である。当然ながら財源がまったく不足するので、借金で借金を返す運用を繰り返している。

二〇〇五年に民営化されて発足した各高速道路会社は「株式会社」を名乗っているが、これでは最初から民間企業としては経営が成立しない。そこで、債務返済機構が関与している。債務返済機構は、旧道路公団の債務を引き受けるとともに、道路資産を保有し、高速道路会社に貸し付けて貸付料の支払いを受ける。累積した債務は五一年までに完済する計画が立てられている(3)。

この道路会社と債務返済機構の仕組みを図1―2に示す。ここで「貸付料」とされる金は、高速道路の料金収入がその源泉であるが、道路会社を素通りして債務返済機構に支払われ、高速道路会社の利潤にはならない。このため、高速道路会社では経営のインセンティブが働かないという指摘もある。また、道路会社が建設のために借り入れる債務も、やはり道路会社を素通りして債務返済機構に帰属する。道路会社が民営化以前に保有していた道路資産、および今後建設される道路資産も、債務返済機構に帰属する。

図１―２　道路会社と債務返済機構の仕組み

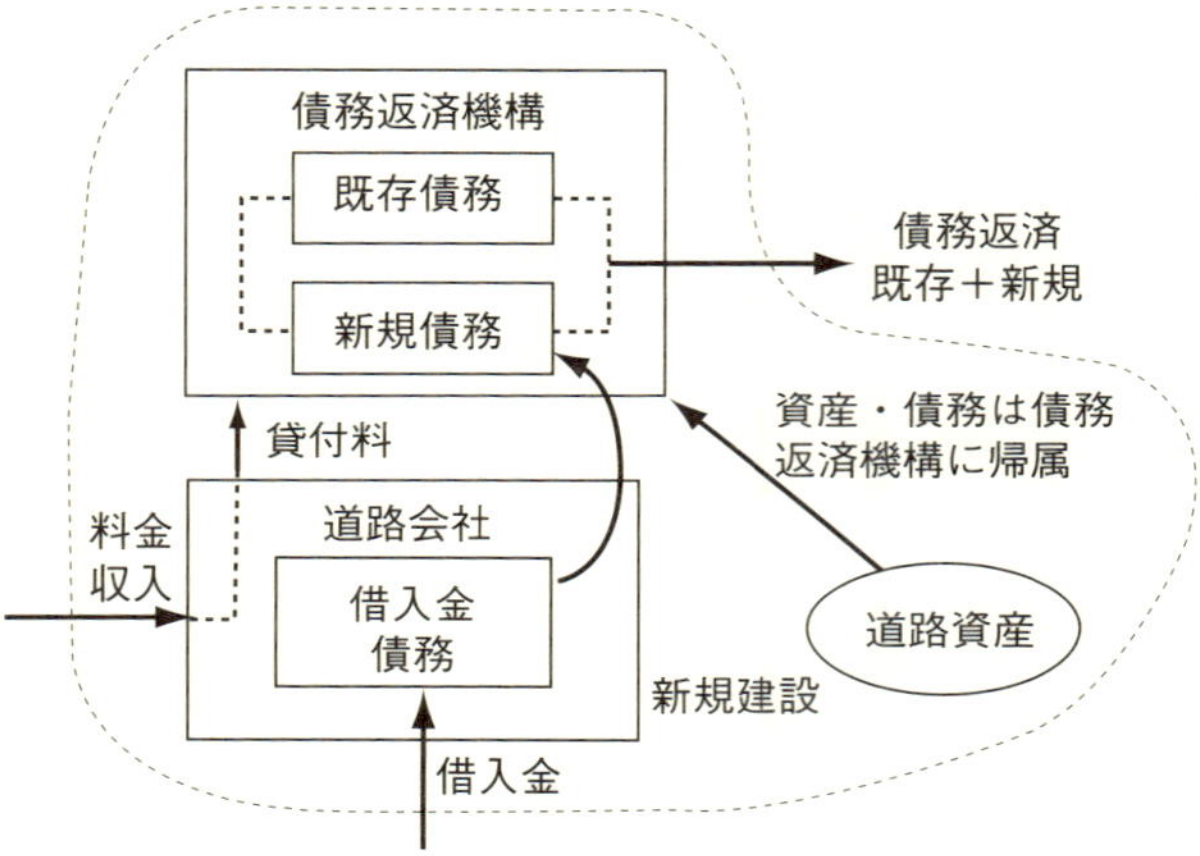

（出典）道路行政研究会編『道路行政（平成 20 年度版）』（全国道路利用者会議、2009 年）183 ページに筆者補足。

道路会社と債務返済機構は「協定」と呼ばれる手続きで相互の業務計画を策定し、国土交通大臣の許認可を受けることになっている。しかし、これに議会は関与できず、国土交通省の裁量で決められている。

図の外側の点線は筆者が加筆したが、この範囲でまとめてみると以前の道路公団の仕組みと変わらず、借金を借金で返す構造も変わっていない。しかも、図の枠組みと別に、採算性（費用対効果）が低いなどの理由で、道路会社の運営が適切でないと判断された道路については、道路会社が介在せずに国と都道府県の負担によって建設する方式（新直轄方式）が新たに設けられた。これについては、民営化後にムダな道路がより造りやすくなったという指摘もある。

道路財源の大幅な縮少

これまでの基本の流れと、高速無料化論と対比させて考えてみよう。山崎養世氏は、「高速道路利用者も、自動車関係の諸税・燃料関係の諸税・その他の一般税（消費税など）を負担しているが、それらは高速道路には使われていないので、その分を無料化の財源とすればよい」と説明している。言い変えれば、現在の高速道路を無料化すれば、高規格という点で相違があるだけで一般道と同じ取り扱いとなるから、一般道の収入・支出の流れと同じにすればよいというのである。

これは一面では合理的な考え方であるが、その量的なバランスに疑問がある。この方式で、仮に債務の返済にかかわる枠を何らかの措置を講じて別枠とみなしたとして、お金の流れを整理してみよう。現在は前述の①＋②＋③＋⑦＋⑧＋⑨の九兆九六七五億円の収入をもって、支出である④＋⑤＋⑪の九兆二一九億円を賄っていることになる。ここで、高速無料化とともに暫定税率を廃止したとすると、使える財源は五兆五〇九五億円に減少する。すなわち、高速道路と一般道を合わせて九兆二一九億円にのぼる道路事業の規模を、五兆五〇九五億円あるいはそれ以下への縮少が可能であるならば、山崎氏の主張は成り立つであろう。

だが、それについての合意が得られなければ、財源をいずれか別に求めねばならない。民主党はムダな事業の削減などをあげているが、それらは一時的には有効であっても、恒久的に無料化と暫定税率の廃止を補うにはまったく足りない。

また、そのような財源が見出されるのであれば、社会保障や教育に優先的にまわすべきであろう。ところが、一方で「INDEX2009」では、「暫定税率廃止後においても、地方における道路整備事業は従来水準を維持できるようにします（二一ページ）」と記述している。したがって、一般財源の投入あるいは国債や地方債の発行が不可避となり、社会保障や教育への財源を制約する。これでは、せっかく「コンクリートから人へ」と訴えて有権者の支持を集めた基本方針そのものが崩壊するだろう。

一般道でも累積している債務

道路に関する債務というと、道路会社（旧道路関係公団）の債務のみが想起され、その他の一般道は税金の使い切りで整備されているように思われているが、実際には地方道の整備でも債務が発生している。地方道の整備において、財源は通常「国庫補助金」「自治体の一般財源」「地方債」から構成される。地方債はすなわち借金である。地方債のうちの一部が地方交付税で肩代わりされるものの、それ以外は最終的に借金となり、自治体の一般の税金から返済することになる。高速道路だけでなく一般道でも膨大な累積債務が発生しており、近年の地方財政の大きな負担要因となっている。

自治体によって財政力に大きな偏り（大都市と農山村などの差）があるため、全国どこでも一定水準の行政サービスの提供が可能となるように、不均等の補正を目的として設けられた制度が地方交付税である。人口が多かったり有力な企業が立地しているなどの条件で、一定基準を超える財政力を有する自治体には、交付されない。

一九九〇年代には、国の側が地方交付税を利用した公共事業を奨励する傾向にあった。しかし、二一世紀になってからは一転して、構造改革路線によって地方交付税は削減方向にあり、自治体の財政は苦しい。さらに、地方交付税の税源そのものが、国の隠れ借金として積み上がっていることも指摘されている。(4) 地方債の償還には都道府県・市区町村の税金が充てられており、地方財政上は「公債費」として集計される。したがって、道路の費用として意識されることが少ないが、これも道路に関する累積債務に変わりない。

5　不透明な財源配分方法

高速道路の料金負担に関する議論では、「プール制」すなわち黒字路線の収益で不採算の赤字路線の整備を行なっているために、黒字路線の利用者が不当な負担をさせられているとの指摘がある。だが、この関係は一般道についても同じである。

研究者の報告によると、自動車利用者が支払った税金に対して、道路投資として還元される比率がどのくらいあるかを地域別に比較したデータがある。図1―3に示すように、国内でもっとも小さいのは首都圏で還元率は〇・六、逆にもっとも大きいのは北海道で還元率は二・三である。こうした問題も含めて制度設計を見直す必要があり、単に暫定税率の廃止だけではすまない。

図１―３　一般道の税負担と還元率

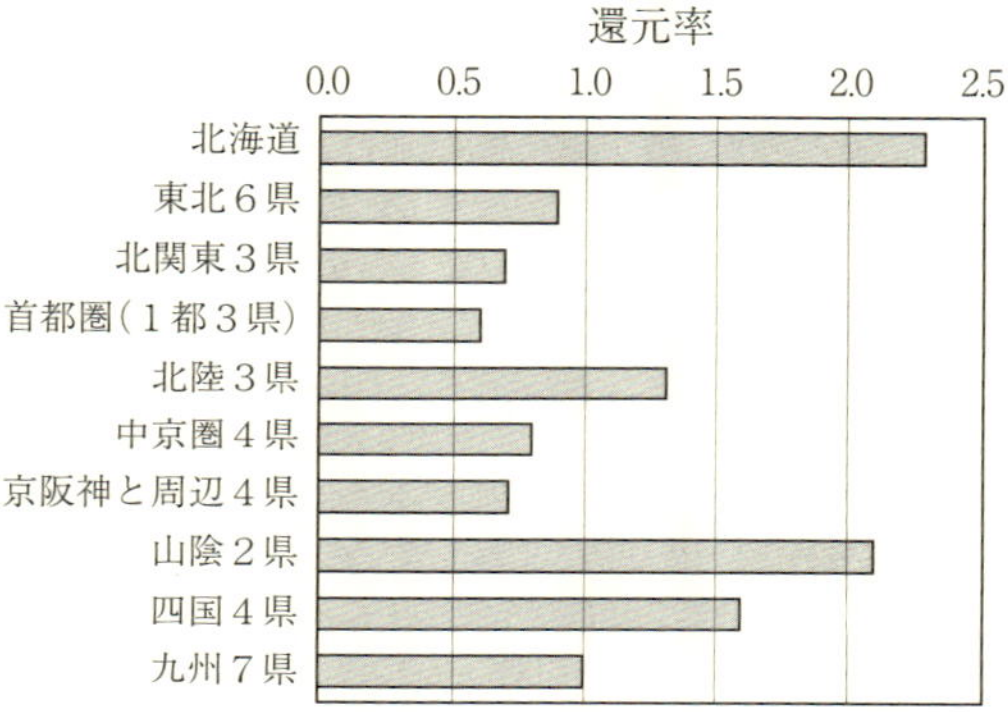

（出典）味水佑毅「自動車税制の変更が道路整備の費用負担、利用者行動に与える影響に関する研究」日交研シリーズA―384、2005年、24ページ。

暫定税率の議論とともに、集めた道路財源を誰がどうやって配分しているのかという疑問を誰しもいだくだろう。結論からいうと、少なくともこれまでは、納税者に明快に説明できる合理的基準は存在していない。田邉勝巳氏（運輸政策研究機構）らは、以下のように述べているが、専門家でさえ根拠がよくわかっていないとは驚くべきことである。

「道路特定財源がどの地域にどの程度支出されているか、そして何を基準にして配分されているのか、その因果関係はよく分かっていない。これは、受益と負担の関係が不透明であるだけでなく、道路整備の評価について外部から判断することが困難であることを意味する(5)」

特定財源でさえこの状態であるとすれば、一般財源化すればさらにわからなくなる可能性がある。「地域の活性化」などあらゆる名目での道路整備が可能になるからである。田邉氏らは、因果関係を論理的に整理する代わりに、道路整備の決定要因として考えられるいろいろな要素を仮定して、都道府県道の整備について統計的な分析を試みている。巨額の予算が、国から自治体まで各段階の議会の議決を経て執行されていながら、その客観的根拠が不明なために統計的に分析せざるをえないという実態そのものが、道路にかかわる問題の一端をよく表している。

田邉氏らの分析からは示唆に富む結果が得られている。意外にも、地理的要因（面積、気象など）は、道路投資額を決定する要因として相関関係が希薄であった。これに対して、政治的要因の指標として「自民党得票率」には相関関係がみられたという。

いずれにしても、「どこに・どれだけ」「誰が・どうやって」について科学的な基準があるわけではなく、まったく別の要因で決定されているのである。現実に即して考えるならば、道路を利用する多くの人びとが「ここはいつも渋滞しているから拡幅してほしい」「事故がよく起きるから改良してほしい」と要望したとしても、それはいったん脇に置いて、主として、いかに「国庫補助金を引っ張ってくる」か、逆に「補助金のついた道路から実施する」といった要因で事業が実施されているわけだ。

民主党の「道路政策大綱」（二〇〇八年二月公表、前述の「高速道路政策大綱」とは別）では、「道路整備においても真の地方分権社会に適合した役割分担を実現する。今後は、道路整備の主体を地方に移し、そのために必要な権限を移譲し、財源を確保する」となっている。この内容が「高速道路政策大綱」と同様に、基本的にマニフェスト・政策集の基となった。地方分権の考え方は支持できるが、「どこに」「どれだけ」「どのような基準で」という問題は議論されていないし、依然として不明確である。政権交替にともない、こうした問題がどのように改善されていくのか注目される。

6　ムダな道路は止まるのか

高速無料化論者のなかには、「無料にしてフル活用すれば、本当に必要な道路の量が見えてくる(山崎養世氏、『東京新聞』二〇〇八年一二月四日)」、「借金が膨らんでも高速道路を作り続けてきた道路行政をぶった切る(馬渕澄夫氏、同一二月六日)」などの意見がみられる。こうした主張からは、高速無料化を取りかかりとして日本の道路行政を変革するという意気込みがみられる。それ自体は支持できるものの、高速無料化と結びつける必然性はなく、むしろ逆効果をもたらすおそれがある。

「ＩＮＤＥＸ２００９」には「ムダを省き効率的で地域の実情にあった、本当に必要とされる公共事業を推進します(四三ページ)」とある。その考え方は間違っていないが、観念的な「ムダ・必要」の議論では旧来の道路行政から実質的に何も進歩しない。「ムダな道路」をどうやって止めるのかの仕組みづくり、ひいては自動車と道路に関する税制・費用負担のあり方を全体的に組み替える仕組みを整備せずに、高速無料化を先行して行えば、結局のところ自動車利用に対して税金で補助することになり、自動車の走行を促進する。

ムダな道路建設の抑制を論じるのであれば、道路交通の実態を精査し、自動車から公共交通に転換できる交通がどれだけ含まれているかを検討することが前提条件である。

民主党が野党のときには「ムダな公共事業はやめよう」ですんでいたが、与党になればそれではすまない。全国から「必要だ、必要だ」と言ってくるからである。これは現実問題として、八ッ場ダム事業（群馬県）の中止に関する調整の難航にも示されている。しかも、「安全」「地域の活性化」「雇用の維持」という大義名分が掲げられる。八ッ場ダムにしても、匿名の一住民の談話ではあるが「ダム本体の中止は仕方がないが、関連道路は作ってほしい（『東京新聞』二〇〇九年一〇月一日「こちら特報部」）」という意見も聞かれる。テレビ報道で、渓谷に屹立する工事中の塔がたびたび放映されるが、これはダムではなく、関連道路の橋脚だ。

また、民主党と国民新党の議員で構成される「道路のネットワーク化推進議員連盟」が、東北・山陰・九州など「九県知事会議」のメンバーとともに、高速道路がつながっていない地域での早期連結を馬渕澄夫国土交通副大臣に陳情した（『朝日新聞』〇九年一一月二〇日）。

これでは旧体制による土建政治の続きにすぎない。『日本経済新聞』の社説は「民主党内に今でもいる族議員が勢力を増したり、特定業界との関係を強めたりすれば自民党政権と同じ姿になる。それを防ぐために強い自制が求められる」と指摘している（二〇〇九年九月二三日）。

こうした事態が全国で続発することは必至であるが、新政権がこれを整理できる筋道と仕組みは確立されているのか。旧政権も「無駄な道路は作らない。必要な道路は作る」と言ってきたのは同じ(『日本経済新聞』二〇〇二年六月二三日、石原伸晃行革担当相(当時)の発言など)で、近年は「選択と集中」などという新語に言い換えられてきた。しかし、「必要だ、必要だ」と各方面から言ってこられると、政府の側から「ここはよし、そこはだめ」と指定することは公平性に反するという口実で、結局はすべて造ることになってきたのである。

道路を利用する側からしても、概念的な「必要・ムダ」論ではすまない。ある人が「ムダな道路整備が行われているために他の地域の利用者が過大な負担を強いられている」と主張したとして、別の人から「あなたの地域の道路こそムダな事業だ」と指摘されたとき、そうではないと客観的に反論できる根拠が提示できるだろうか。いかに交通量の少ない道路でも、造れば何らかの便益はあるから、「必要性」は否定できない。費用対効果が低くても、「安全」「豪雪地帯」「過疎対策」などを掲げられれば否定はむずかしい。

さらに二〇〇九年一二月には、新政権の連立三党から政府に対する要望として、高速道路の建設を促進する項目が列挙されるという事態も発生している。山崎養世氏も『環東京湾構想――新たな成長と人間本来の生き方のために』(共著、朝日新聞出版、二〇〇九年)で、高速無料化によって首都圏の自動車交通量が増えることを前提として、八〇〇〇億円の建設費(概算)で第二アクアライン(東京湾横断橋)を建設することを提案しており、議論にまったく整合性がみられない。

したがって、「本当に必要」という概念だけでは、ムダな道路事業の抑制にはならない。むしろ、なし崩しにすべて造る方向に誘導されかねない。高速無料化によって、債務返済分を別としても道路財源は大幅に減少する。新政権は、「道路事業は従来の半分」「必要でも造らない」という基本姿勢を明示する必要があるのではないか。

こうした必要性の議論とともに、制度的な問題も指摘される。(6) 道路計画が決定されると、その予定地では利用制限（建物が建てられないなど）や、場合によっては強制収用が適用されるなど、土地の所有権者に多くの負担が課せられる。計画されたまま長期にわたって実際の工事が着手されないケースでは、数十年にも及ぶ「塩漬け状態」が続いている。自治体の都市計画も、道路の存在を前提として行われる。その中止は、たしかに以後のムダな財源投入を防ぐ一方で、新たな紛争や賠償など多くの問題を発生させる。こうした事態に対応する法的手段が整備されなければならない。

7　地方分権と道路政策

地方分権とか地方の自主性といっても、言葉だけでは怪しい。分権とは、要するに財源の配分である。達増拓也岩手県知事は「道路財源が減っても別の財源で道路を整備すればよい」との趣旨を表明した（『毎日新聞』岩手版、二〇〇九年八月一八日）。「政権代われど利権変わらず」で、国の財源が地方に移り、そのまま道路に流出するのでは、ムダな道路の建設は止まらない。

「ＩＮＤＥＸ２００９」では「揮発油税等の暫定税率の完全廃止、本則税率部分の一般財源化を図ります」（四三ページ）となっている。しかしながら、前述したように、本則税率部分も含めて一般財源化は、すでに政権交替前に民主党も賛成して決定された。わざわざ暫定税率分を廃止して、税収を減らす必然性はない。社会保障費の財源は、現在でも調達に苦慮している。

本当にムダな道路建設を止める意志があるのなら、単に予算の配分・執行を停止すればよい。「財源の側を制約すれば、ムダな道路事業が止まる」というのは、特定財源という枠があるから成り立つ論理である。特定財源制度そのものを廃止して一般財源化したのであれば、むしろ事業そのものを直接止める仕組みがないかぎり、ムダな道路事業は止まらない。

新政権に対する真の抵抗勢力は、官僚ではなく自治体や不特定多数の市民である。多くの市民は、自分が負担した税金がムダな公共事業に使われていることには敏感に反応する一方で、自分が現に利用している公共施設や公共サービスが他者から「ムダ」と評価されても同意しない。高速道路についても同じである。国政レベルでは、「コンクリートから人へ」という理念を多くの人びとが支持した一方で、自治体レベルでは依然として、民主党も含めて道路建設推進派が多い。この実態から考えると、人びとは「自分の使う道路は必要、自分の使わない道路はムダ」という主観的評価を全国で言い合っているだけではないかという懸念もいだかざるをえない。

国の関与を減らし、地方の自主性に任せた税金の使い方を促進するという「地方分権」の考え方は、理念としては正しいものの、現状ではこれまで以上に道路に使われる可能性もある。たとえば東京外かく環状線（外環）の建設に関しては、国政レベルでは新政権により練馬〜世田谷間など新規四区間の補正予算が凍結された一方で、東京都議会では民主・自民・公明各党の建設促進議員連盟が建設促進の要望書を国土交通省に提出した。道路がほしいのか、移動の自由がほしいのかという基本的な考え方の整理を含め、自治体議会・有権者の意識向上がますます求められることになる。

8　自動車税制全体の制度設計

交通部門でのCO_2排出量削減のためには、ハイブリッド車・電気自動車(7)など、走行距離あたりガソリン消費量が従来の半分以下、あるいは走行にガソリン消費を伴わない、いわゆるエコカーを国内の保有台数の半分近くまで増加させなければならない、とされている(8)。二〇〇五年前後までは、燃料電池車もエコカーとして期待されていた。だが、車両について実用的な価格での提供の見通しが停滞し、燃料の水素を供給するインフラの普及が不明なため、現時点ではハイブリッド車・電気自動車がエコカーの主流とみなされている(電気自動車の問題点については第5章4で述べる)。

仮に、こうした車両が実際に保有台数の過半数を占めるようになり、現在のガソリン(軽油)税の仕組みがそのままであれば、暫定税率の存廃にかかわらず燃料関係の諸税が激減する。しかも、車両に課税されている自動車重量税などの税金も、現時点ではエコカー普及のため減税措置がとられている。この施策がいつまで継続するか不明であるが、少なくとも「環境負荷の少ない車には軽く、大きい車には重く」という相対的な差は維持すべきであろうから、エコカーの普及とともに自動車関係の税収はますます減少していく。

この問題については以前から検討の対象[9]になっていたものの、エコカーの普及は限定的という実態から強い関心を集めてこなかった。だが、交通部門でのCO_2排出量削減が本格的な動きになってくれれば、避けて通れない課題となる。

こうした事情も合わせて、近年ではむしろ「ＰＡＹＤ《ペイド》」という考え方が提唱されている。これは「Pay As You Drive」の略で、かつ「支払い」とも読める語呂合わせだ。もともとは自動車保険に関して提案された概念であった[10]。自動車を保有していても、極端にいえば車庫に置いたままなら事故は起きないから、保険料も走行距離の比例にすべきだという発想である。実際に、走行距離を反映して保険料を設定する自動車保険商品が登場した[11]。これを拡張した概念として、自動車ユーザーの負担全体についても、できるだけ完全な走行距離比例に近づけたほうが合理的という考え方もある。

たとえばガソリン（軽油）に賦課される税金は燃料の消費量に比例して課税されるので、個々の車両による燃費の差はあるものの、全体としては税収が走行距離に比例すると考えられる。ある意味では、燃料消費量を擬制的に走行距離に置き換えて、距離制料金を徴収しているとも考えられる。しかし、個々の運転者からみると、渋滞した道路では空いた道路よりも多くの時間がかかるうえに、燃料も多く消費し（燃費が悪い）、時間の損失も含めてより多くの費用を負担しなければならないという矛盾もある。

一方で、自動車重量税は年額一定で車両に課される。この場合、年間の走行距離が少ない人、すなわち道路の空間を占有し、道路に損傷を与える度合いが少ない人は割高になり、逆に走行距離が多い人は「乗れば乗るほど割安になる」という関係が生じるために、不公平ではないかという指摘もある。また、任意保険は利用者が選べるが、強制保険は車両に対して年間一定額なので、自動車重量税と同様に走行距離あたりで評価すると割高・割安の矛盾が生じる。

実際に試算してみると、一般道では、自動車走行一kmあたり一五〜一六円の整備費用がかかっているという。[12]この報告では高速道路についてはふれていないが、高速道路では一五〇円の初乗り料金プラス走行一kmあたり二四・六円（普通車の場合）[13]の距離制料金となっている。高速道路は一般道より規格が高いことを考慮すれば、一般道の額と比べて整合的な数字である。

GPS[14]などの電子的手段が発達すれば、自動車に関連する税制を単純化して、動力源にかかわらず一般道も走行距離に比例して「有料」にするほうが合理的となる。また、走行する場所も把握できるから、交通量が多く公共交通など代替手段がある大都市では重く、逆に過疎地などでは軽く、あるいは無料といった、地域特性に応じた課税も検討されるべきであろう。さらに、これによって、自動車ユーザーが自動車にかかっている「真のコスト」を意識し、ムダな自動車使用を自粛することも期待される。

（1）（社）日本自動車連盟（ＪＡＦ）自動車税制改革フォーラム「道路特定財源の見直しに関する主張」『高速道路と自動車』四九巻六号、二〇〇六年、五三ページ。

（2）高速道路同士あるいは高速道路と一般道路の接続部はインターチェンジと呼ばれ、一般道路との接続部では料金所（出入口）が設けられる。一方スマートインターチェンジは、既設のインターチェンジの間隔が長い場所などに、無人でＥＴＣ専用の料金所を伴う出入口を設けて高速道路の利用を促進する目的で、順次設置されている。サービスエリア・パーキングエリア併設タイプと、高速道路本線に直接接続するタイプがある。

（3）独立行政法人日本高速道路保有・債務返済機構「独立行政法人日本高速道路保有・債務返済機構の業務概要」『高速道路と自動車』四九巻六号、二〇〇六年、四八ページ。

（4）地方交付税で肩代わりされる地方債には利子がかかっており、さらに地方交付税の財源の償還も実際には借金になっているから、「二重の利子」と呼ばれる場合もある。

（5）田邉勝巳・後藤孝夫「一般道路整備における財源の地域間配分の構造とその要因分析―都道府県管理の一般道路整備を中心に―」『高速道路と自動車』四八巻一二号、二〇〇五年、二五ページ。

（6）五十嵐敬喜「八ッ場ダム中止の比ではない「道路計画」中止のインパクトと急がれる法的ルールの導入」『エコノミスト』二〇〇九年一一月一〇日号、三三ページ。

（7）従来の自動車は、ガソリンあるいはディーゼルエンジンを駆動力として直接に使用するが、都市内での低速走行などの部分では効率が低い。これに対して「ハイブリッド方式」は、エンジンの動力の全部、あるいは一部を電気など別のエネルギーに変換して使用する。これによって、エネルギーの利用効率が改善される。ハイブリッドにもいくつかの方式があるが、発電機と電池を併用するシステムが普及している。また最近は、電池の部分を別に外部で充電しておき、差し替えて使用する「プラグイン方式」も実用化された。なお、エンジンをまったく搭載せず電池のみをエネルギー源とする方式は「電気自動車」と呼ばれる（ハイブリッド車も電気を併用しているが、一般には電気自動車とは呼ばれない）。

（8）たとえば「地球温暖化問題に関する懇談会・中期目標検討委員会」など。http://www.kantei.go.jp/jp/singi/tikyuu/kaisai/index.html

（9）道路経済研究所「非ガソリン・低公害車普及の意義と当該自動車の道路財源負担のあり方に関する研究」道経研シリーズA―五二、一九九五年。

（10）Todd Litman, The Victoria Transport Policy Institute, "Online TDM Encyclopedia," http://www.vtpi.org/tdm/tdm79.htm

（11）ソニー損保は、「走る分だけ」とのキャッチコピーで、この方式の自動車保険を販売している。http://insurance.yahoo.co.jp/product/automobile/0614001_1.html

（12）日本交通政策研究会「交通社会資本における財源調達及び費用負担政策に関する評価」日交研シリーズA―三八三、二〇〇五年、三六ページ。

（13）高速道路でいう「普通車」は、おおむね通常の乗用車を指す。

（14）人工衛星からの電波を受信し、現在位置を自動的に把握するシステム。カーナビやタクシー配車システムなど多くの利用がある。

第2章

高速無料化を基本から考える

1　どんな道路があるのか

高速道路といえども、一般道を含んだ道路ネットワークの一部である。高速無料化と併せてインター(出入口)増設の提案もあるが、インターとインターの間を走るだけで用が足りる人はなく、前後に必ず一般道を利用する。日本の道路全体がどうなっているか、どのように使われているかという基本的な情報なしに、高速無料化を議論しても意味がない。

また、「地方都市は車社会」という表現がされるが、それは単なる比喩にすぎない。地方都市でも、またふだんは自動車しか使わないという人でも、多少なりとも徒歩・自転車・二輪車によって移動するし、車いすを使用する人もいる。ここで、日本全体の道路がどうなっているか、さらにその道路がどのように使われているかを概観してみよう。

道路にはさまざまな通称が用いられる場合があるが、公式には道路法によって、①高速自動車国道、②一般国道、③都道府県道、④市町村道の四種に分類されている。それぞれの延長距離は、**図2―1**のとおりである。全国の道路総延長がおよそ一二〇万km(農道・林道を除く)であるのに対して、一般に「高速道路」と通称される高規格幹線道路は、①の高速自動車国道と、②の一般国道のうち自動車専用の高速道路扱いの区間を合わせた約一万kmであり、一%にも満たない。逆にもっとも長いのは市町村道である。

図2―1　国内の道路の種類と延長距離

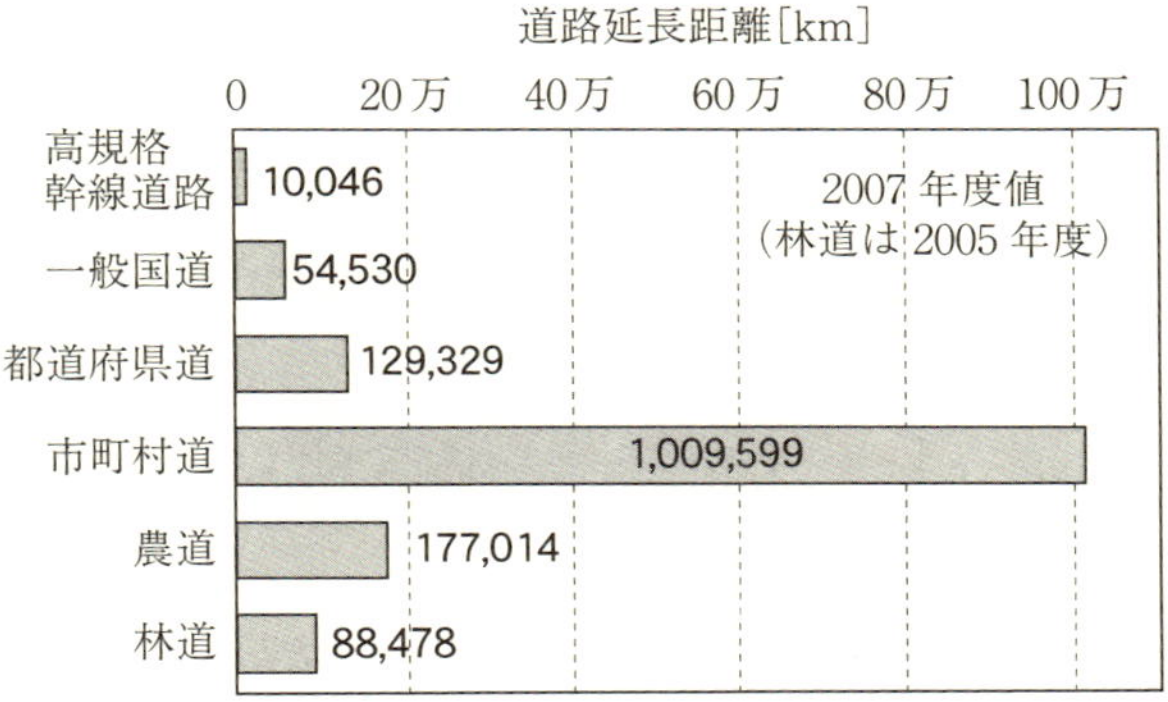

(出典) 道路行政研究会編『道路行政(平成20年度版)』(全国道路利用者会議、2009年)および農林水産省大臣官房統計部資料。

このほかに、農林水産省の予算で整備する農道・林道があり、実態として関係者以外の通行も容認されているため、通常の道路と区別なく利用されている場合も多い。これら農道・林道は、延長距離でみれば一般国道と都道府県道の合計を超える。しかし、国土交通省の統計対象になっていないため、交通量などが数量的に把握されていない。

道路があっても、それだけでは交通手段として意味がない。歩行者・自転車・自動車が通行することによって、はじめて交通の社会的な存在意義が発生する。

ところが、意外にも「どの道路を、どのような交通が、どれだけ通行しているか」について、全国的に完全な統計はない。国の統計(旧建設省系・旧運輸省系)・自治体ごとの統計・その他の必要に応じて臨時に行われる調査などがあるが、それぞれ調査範囲が異なる。しかも、毎年ではなく、数年あるいはそれ以上の間隔が開く場合もある。こうした制約があるが、各種の統計を総合して「どのような道路を、どのような自動車(旅客・貨物)

が、どれだけ通行しているか」の概略を図2―2に示す。

高速道路でも一般道でも、台数で数えれば乗用車が多い。ただし、大型車は、乗用車よりも車体が大きいとともに走行に多くのスペースを必要とするので、場合によっては大型車を一定の比率で換算（乗用車相当で何台分という係数）して捉える。また、細街路はおもに市町村道であり、なかには交通量が多く幹線の役割を有する道路もあるものの、大部分は「生活道路」と通称される。

高速道路と一般道を比較すると、自動車の総走行距離でみた場合、高速道路は九％弱で、その他は一般道である。参考までに、別の統計から二輪車の走行量の推定も示す。以上を要約すれば、高速道路は延長距離で国内の道路の一％以下、自動車の走行量で同じく一〇％以下というのが、基本的な数字である。

図2―2　道路種類別の自動車・自転車走行量

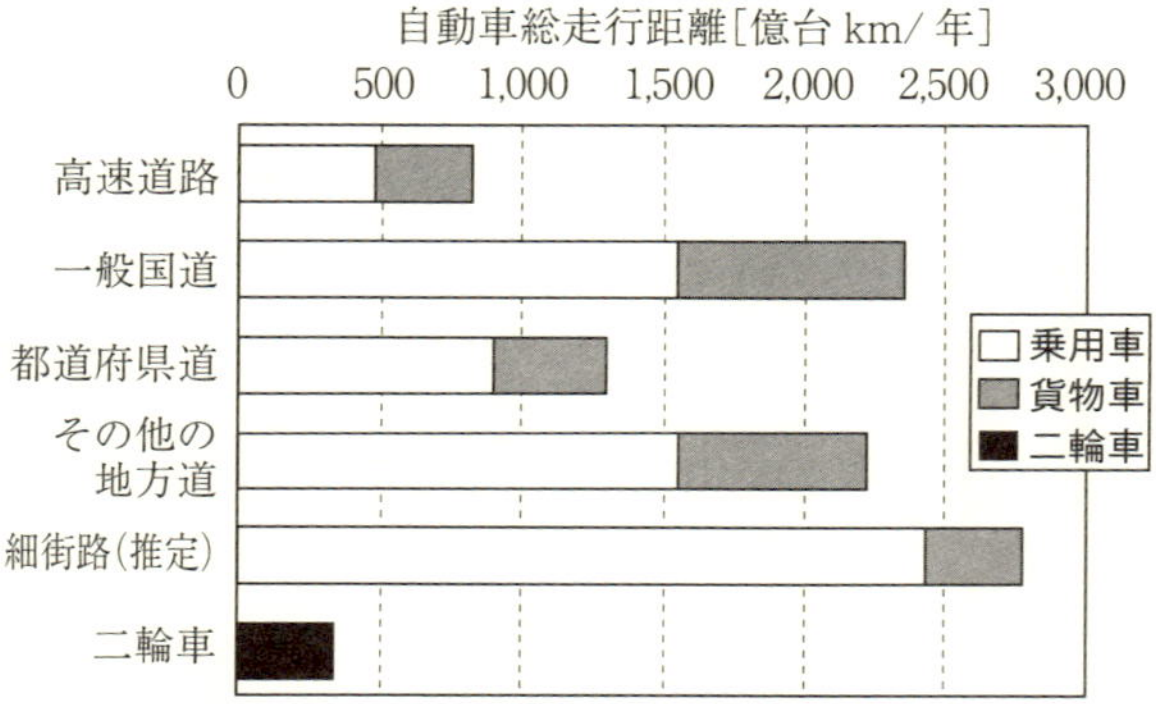

（出典）国土交通省道路局編『平成17年度道路交通センサス』（交通工学研究会、2007年）より筆者集計。

2　無料化と渋滞・CO_2排出量の関係

一般のドライバーを対象としたアンケートによる

と、多くの場合、道路交通に関してもっとも改善要求が多い項目は、混雑の緩和である。[1] 通常のドライバーの感覚では、自分の運転する自動車が、他の自動車の干渉のために自由に走れず、ある出発地から目的地まで移動するときに、自分の期待するよりも、あるいは許容するよりも時間がかかって不満を抱く状態が、渋滞と呼ばれているように思われる。ただし、厳密には、渋滞とは単に速度が遅い状態ではない。

渋滞は、高速道路でも一般道でも、自動車の流れが停滞する箇所（ボトルネック）を引き金として発生する。一般道では、信号のある交差点がその典型である。単に赤信号で止まっているだけでは渋滞ではないが、一回の信号で抜けきれない状態になると、渋滞とみなされる。そのほか、路上駐車などもボトルネックになることが多い。高速道路では信号がない代わりに、料金所・サービスエリア・パーキングエリア・勾配の変化部[2]・ジャンクション・トンネルなどがボトルネックになる。高速道路では、道路の種類によって一定の速度（時速二〇〜四〇km）以下になると渋滞と定義される。さらに程度がひどくなると、車列が停止して待ち行列が伸びる状態になることもある。

いずれにしても渋滞とは、道路容量（ある道路区間で、自動車交通を支障なく流せる可能な台数）に対して、交通量（実際の自動車の通行台数）が上回ることによって生じる。

高速無料化論では、料金所の廃止によって渋滞が解消されるという説明もある。しかし、現実の渋滞は、料金所以外にも前述のような場所で発生する割合が多く、この説明は現実的でない。

東日本高速道路会社の二〇〇五年のデータによると、渋滞発生原因のうち、「勾配の変化部」「事故」「合流部」がそれぞれ約三分の一ずつを占め、料金所は四％にすぎない(3)。

たとえば、東名阪《ひがしめいはん》自動車道上り線の四日市インターチェンジ（IC）付近は、地形の影響で勾配の変化部が連続し、合流・分岐部が多いうえに、周辺部の高速道路開通の影響で交通量が増えたことも加わり、全国でも有数の渋滞箇所として知られている。部分的に車線を増やす工事を行なったが、効果は乏しいという（『朝日新聞』ウェブ版、二〇〇九年一二月三〇日）。高速無料化によって、このような要因は解消するどころか、ますます渋滞を増やす方向に作用する。

出入口を現在の四〜五倍に増やすとの提案もあるが、これは渋滞の三大要因をさらに増やすことになる。しかも、高速無料化によって高速道路自体の交通量が増加すれば、渋滞が発生する確率はいっそう高まる。無料化は局部的に渋滞緩和効果があるとしても、総合的には増加要因のほうが多い。

高速無料化に関して国土交通省が提示した報告書(4)では、無料化の場合、並行する一般道からの自動車交通のシフトによる時間短縮効果を経済価値に換算すると二・七兆円に相当するという結果を提示している。ただし、このシミュレーションでは、料金所や合流部などは計算に組み込まれておらず、正確にいえば渋滞そのものを計算する機能はない。したがって、その結果を安易に「渋滞解消」と言い換えることは正しくない。また、実際にETC休日割引の段階でも、実施後に高速道路上の渋滞発生や交通量が増加し、ガソリン消費量の増加がみられた（第5章2）以上、

「渋滞が解消される」とは期待できない。

一方で、ETC割引は休日限定であるから交通が集中するのであって、全面無料にすれば集中しないという説明もみられるが、どのくらいの分散効果があるのか定量的な分析はなく、単なる憶測にすぎない。高速無料化論者が何を「渋滞の解消」と称しているのか整合的な説明はなく、漠然とした期待を結論に置き換えているだけである。高速無料化の議論にあたっては、基本的な情報を理解することが必要であろう。

さらに、有料道路の場合には「料金抵抗」の存在を考慮する必要がある。二本の道路がおおむね並行して同じ出発地・目的地を結んでいるとき、双方とも無料ならば、通常は所要時間の短いルートが選択される。しかし、片方が有料であるときは、利用者はその費用と時間短縮を勘案して、いずれを利用するかを決める。同じ規格の高速道路であっても、料金を高く設定すれば一般道からのシフトは少なく、低く設定すればその逆となる。シミュレーションの際は料金(分)を時間価値(円)に換算した数字を道路の所要時間に加えることによって、どちらがどのくらい利用されるかを、同じ基準で計算する。実際にどのような影響が表れるかは後述する(本章3)。

次に、「渋滞が解消するとCO$_2$排出量が減る」とされる関係は次のとおりである。速度との関係式は研究機関によっていくつかあるが、代表的なものを図2―3に示す(乗用車に関する平均走行速度と排出係数(走行一㎞あたりのCO$_2$排出量)の関係)。通常の乗用車では、平均時速六〇㎞程度で走行一㎞あたりのCO$_2$排出量が最小となり、その前後では上昇する。

しかし、すでにみたように、高速道路は自動車の総走行距離の九%を占めるにすぎない。高速無料化で高速道路の走行量がある程度増加したとしても、大半が一般道を走行することには変わりがない。

一般道の全国平均の混雑時の旅行速度（渋滞や信号その他による停止状態も含んで平均した実質の速度）の変化（一九九四年から二〇〇五年）は、一般国道については時速三六・〇kmから三六・七kmへ、都道府県道については時速三二・一kmから三三・一kmへというように、わずかな変化しかない。この間にも多大な道路投資を行なっていながら、ほとんど効果が得られていないのである。

そして、一般道の法定速度は時速六〇kmあるいはそれ以下であり、さらに生活道路なども含むから、いかに道路を整備したとしても、旅行速度として時速六〇kmが実現できるはずがない。

すなわち、時速三〇km前後で効率がよくなる

図2—3　速度とCO_2排出量の関係の例（乗用車）

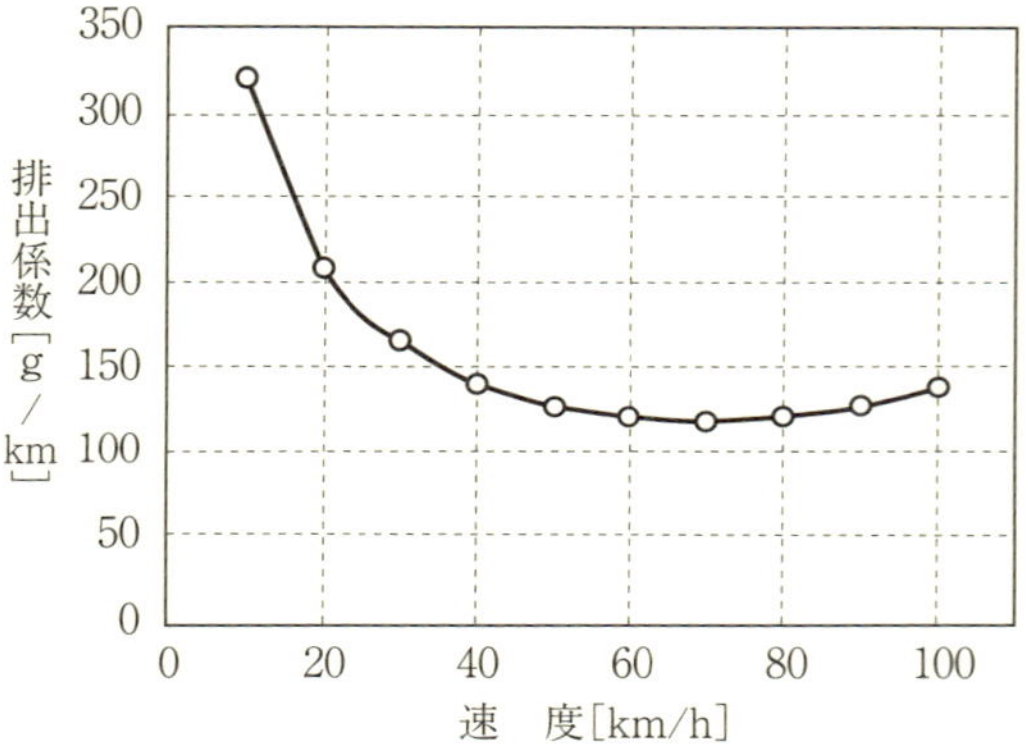

（出典）たとえば、国土交通省国土技術政策総合研究所「定量的評価指標の算出に用いるCO_2、Nox、SPM排出原単位【H12】の算定について」2003年など。

ように設計された車両を製造するほうが合理的なのである。この目的で最近ようやく登場したのがハイブリッド車だ。

3　無料化による高速道路と一般道の交通量の変化

シミュレーションの手法

高速道路の料金体系を変更した場合に、一般道の交通量の分担がどうなるかについては、いくつかシミュレーションの手法がある。プロローグで示したように、民主党の高速道路政策大綱に引用され、無料化論の根拠となっているのは、前述の国土交通省の報告書のシミュレーションである。同省が示した業務契約書では「利用者均衡配分法」で実施するように指示されていたが、コンピュータを長時間まわしても計算が収束しなかったため、「転換率を併用した分割配分法」に切り替えたとの記述がみられる。(5) 計算方式の詳細は専門的なので省略するが、計算方式の差異がどんな問題をもたらすかは後述する。

「転換率」とは、料金や所要時間を条件として、ある出発地～目的地間において、高速道路と一般道の利用者の選択率がどのように決まるかを示す数字である。算出にはさまざまな式があるが、通常は、それぞれの出発地～目的地間について高速道路ルートと一般道ルートの時間差や、「料金÷時間」の比率などを用いて推計している。報告書では、独自の転換率モデルを作成して計算したとあるが、具体的な式や係数は示されていない。本章では、過去に報告されている転換率の計算式を使って、ETC休日割引あるいは高速無料化などの料金の変化によって、高速道路と一般道の分担がどのように変化するかを例示する。

高速道路が有料の場合には、その料金を払ってでも見返りに所要時間を短縮したいと考えるドライバーが利用する。時間を金銭価値に換算する係数として、報告書では一分あたり七〇・九八円という一定値を使ったと記載されている。換算値としてよく採用されるのは、時間あたりの賃金に等しいとする考え方である。たとえば、アルバイトで時給一〇〇〇円とすれば一分あたり一六・七円となるが、常勤労働者も含めて考えれば、より大きな値となる。そうした値が妥当かどうかについては、多くの議論がある。個人によっても、道路を使う目的(通勤、業務、レジャーなど)や平日・休日でも異なると考えるほうが現実的だし、研究者の間でも見解は一定していない。

所要時間の変化

ここでは換算係数の一定値が求められたとして、現実のルートを例に転換率の変化を試算してみる。一例として、高速道路と並行する一般道の双方とも交通量の多い伊勢自動車道・東名阪自動車道で、三重県津市(代表地点は市役所)と桑名市(代表地点は市役所)の間のケースを考える。

まず高速道路利用ルートと一般道利用ルートで最短経路を探索すると、図2—4のようになる。地図上の距離では、一般道(国道二三号~国道一号)を利用したほうが短い。一方、所要時間で

図2—4　高速道路の配分率の例

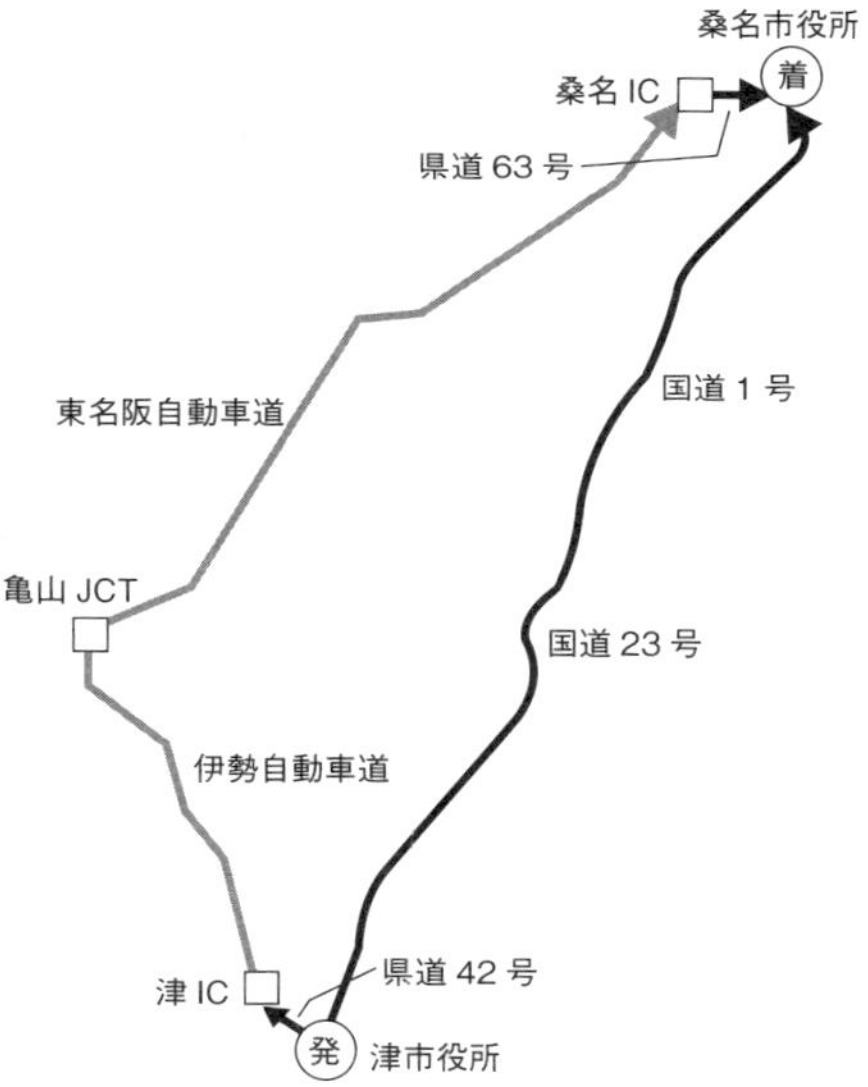

は、一般道のみのルート七五分に対して、高速道路を利用すると五二分に短縮される。ただし、従来の通常料金では一四五〇円を要する。

一連の条件を表2—1に示す。現状の無料化前（一四五〇円）は、一般道ルートに四八％、高速道路ルート（前後のアクセスを含む）に五二％が配分される。無料化すると、その配分率が一般道ルートに一〇％、高速道路ルートに九〇％に変化する。ただし、これは津市〜桑名市を起終点とする交通に関してのみの配分率であって、計算の第一段階である。伊勢自動車道・東名阪自動車道には、これ以外にも無数の異なる起終点をもつ交通が同時に流れている。だから、無料化した際の配分率の変化は、それぞれの起終点の組み合わせの条件（距離・所要時間・インター前後のアクセス）に応じて異なる。

それぞれの起終点の交通量の変化をすべて集積すると、伊勢自動車道・東名阪自動車道の交通量が無料化前より増え、従来より時間がかかるようになる。一方、並行する一般道では裏返しの

表２―１　配分率の計算条件

		一般道ルート	高速道路ルート
おもなルート		国道23号～国道1号	県道42号（アクセス）～津IC～伊勢自動車道～東名阪自動車道～桑名IC～県道63号（アクセス）
距離（km）	一般道部分	43.5	7.9
	高速道路部分	―	50.4
所要時間（分）	一般道部分	75	14
	高速道路部分	―	38
通行料金（円）		―	1450（通常料金）
無料化前転換率（%）		48	52
無料化後転換率（%）		10	90

影響が起こり、交通量が減って時間が短縮される。その条件で改めて津市～桑名市の転換率を計算し直すと、ふたたび転換率が変化する。他の起終点間についても同様である。

このような計算を繰り返し、最終的に計算が終了した状態が、高速料金を変更した際の交通量の変化となる。実際にはもう少し複雑な手順があり、またルートによっては無料化の対象とならない首都高速道・阪神高速道を通るケースも出てくるが、概略はこう考えればよい。

現実には、ドライバー自身がこのような計算をしているわけではない。しかし、時間を短縮したいと考えて高速道路を利用したところ、期待に反して時間がかかるため途中で一般道に出るという選択は常に行われている。また、交通情報（放送、道路上の電光掲示板、ＶＩＣＳなど[6]）を参考にしてルートを選択するドライバーもある。道路上の多くのドライバーがこうした選択を繰り返すことによって、交通量のバランスが決まってくる。全国的にこうした影響が集積した結果が、時間短縮効果による便益や、CO_2排出量の増減として表れる。

道路建設への圧力につながりかねない

なお、高速無料化を提唱する論者も、無条件に全面無料を提唱しているわけではない。「無料化をすると混雑がひどくなる首都高速や阪神高速は無料化せず、そのほかの路線でも割引実験をして、渋滞がひどくなるところは料金徴収を継続することを決めればよい(7)」と述べている。

ただし、その場合は、高速道路の利用者が現在も「採算性のよい路線の収入で不採算の路線を整備するのは不公平」と批判しているように、「利用する場所の違いで取り扱いが異なるのは不公平」という批判が予想される。しかも、実験結果で逆効果ということがわかっても、いったん無料化した区間を再度有料に戻すことは大きな抵抗を招く。「車線を増やせ」「迂回ルートを造れ」という圧力に転化しかねない。

さらに現実的なもう一つの問題は、高速道路の利用にはインターの前後で一般道の走行が必ず伴うことである。条件によっては、高速道路本線の所要時間は短縮されても、その前後のアクセス道路への集中で渋滞が増加し、社会全体としては時間便益がかえって低下することもありうる。

高速無料化論は経済学でいう「合成の誤謬」に相当する。自分が考えることはたいてい他人も同じことを考えるから、それが集積した場合に期待と逆の結果をもたらす可能性が強い。実際に起きたとすれば、「高速道路の有効利用」を口実として、やはり新しい道路整備の圧力につながりかねない。

社会実験の意味があるのか

大綱には「渋滞の一般道・ガラガラの高速道路」という記述があり、無料化によってこうした不均衡が改善されると期待している。「渋滞・ガラガラ」という記述は曖昧であるが、一般道の交通量が多いルートや地域は人や物の行き来が多いのだから、並行する高速道路の交通量も多いのが一般的である。高速道路で「ガラガラ」という現象がみられるルートは、どのくらいあるのだろうか。

現実のデータによると、都市高速道路(首都高速道・阪神高速道など)を除く高速道路(国道扱いの自動車専用道路を含む)のなかで、仮に混雑度(道路容量に対する交通量の比率)(8)〇・五以下を「ガラガラ」の基準とすると、自動車の走行量がこの条件に該当するのは全国の三五%である。また、地域別の区間数(おおむねインター相互間)でみると、「ガラガラ」が多いのは、当然予想されるように北海道・東北、北関東、中部・北陸、中国、四国、九州・沖縄である(図2―5)。当面、社会実験を実施するのは、高速道路の交通量が増えても影響が少ないこれらの区間になると思われる。

しかし、こうした地域では、周辺の公共交通の経営基盤が弱い。高速無料化によって公共交通

図2―5　高速道路で混雑度の低い区間

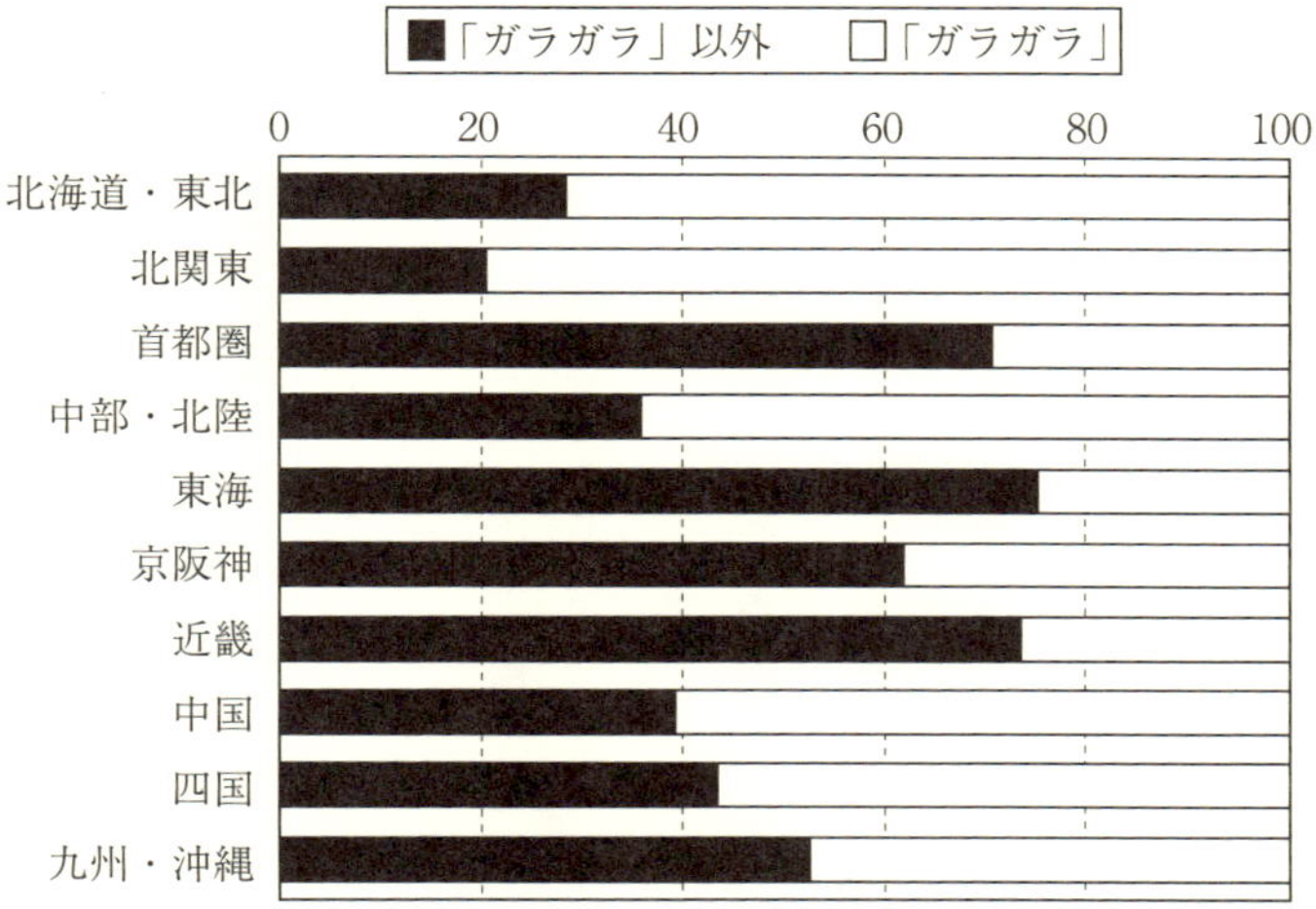

(出典) 国土交通省道路局編『平成17年度道路交通センサス』(交通工学研究会、2007年)より筆者集計。

の経営が圧迫され、減便や路線の撤退が相次ぐようになれば、人びとの移動の自由が制約され、地域の活性化どころか日常の交通にも困難をきたすようになる。あるいは、いままで鉄道やバスを使っていた人がタクシーを使わざるをえなくなるなど、経済的にも負担を強いられる(第3章5)。

一八ページで述べたように、巨費を投じて地域の公共交通を壊滅させる「実験」を実施することは、「生活重視」を掲げる新政権の理念と矛盾する。こうした負の影響が予想されていることをあえて実施するまでもないのではないだろうか。

4 「高速無料化」の報告書を検証する

経済効果の過大評価

前述のように、高速無料化論で引用されているのは国土交通省の報告書である。この報告書には、自動車交通量を一定と仮定し、他の交通機関からの移行を考慮していない点で基本的な欠陥がある(第3章2)。また、「渋滞の解消」とされる効果、すなわち経済価値に換算して約二・七兆円とされる部分だけを取り上げても、適正な結果が得られていないと思われる以下のような問題点がある。

①現実に渋滞が発生するおもな要素である、合流部・サービスエリア・パーキングエリア・トンネル・勾配の変化部といった要素がシミュレーションに含まれておらず、平均的な速度を表現するのみである。

②採用された「分割配分法」では、一般に交通量(ある道路に一日あたり何台通行するか)については「再現性がよい」、すなわち現状の条件を入力して算出した推計値が実測データとよく合うとされている一方で、その区間を通過する走行時間(速度)の再現性がよくないことが指摘されている。[9] 交通量についての再現性を検証した図は掲載されているが、走行時間の再現性を検証したデータは掲載されていない。

③この点が、次のステップで「渋滞解消による経済効果」とされる評価において、そのもととなる走行時間（速度）がそもそも正確に推計されていないという問題につながる。それは、速度の関数であるCO$_2$の排出量についても信頼性が乏しいことを意味する。
④実際には、交通量は時間帯や場所によって変動する。ところが、このシミュレーションでは、あくまで一日の仮想的な平均交通量を用いて計算しており、変動はまったく反映されていない。要するに、そもそも渋滞をシミュレーションした結果ではない。
⑤ある出発地・目的地間について、高速道路ルート・一般道ルートそれぞれただ一つの代表的なルートに限定した計算であることが補足資料に記載されている。現実問題として、実際に存在する道路をすべて計算に含めようとすると計算量が膨大になって取り扱えないために、やむをえない簡略化ではあるが、その結果として時間短縮便益が過大な推計になっていると考えられる。

こうした不確定要素を有する結果が「渋滞緩和」と言い換えられ、数字の算出過程の吟味をせずに「渋滞解消による経済効果」として流布されれば、政策評価を誤る。

しかも、時間を経済価値に換算する際に用いられる換算係数が適切でない。報告書には「費用便益マニュアル」（以下「マニュアル」という）にしたがって計算したとあるが、その換算値は二〇〇三年時点の古い数字[10]（乗用車について一分あたり約六三円）が使われていた。しかし、この数字は後述するように「便益が過大に計算される」という指摘を受けて、専門家による「道路事業の評価手法に関する検討委員会」を経て二〇〇八年に改訂(同、約四〇円)[11]されている。現在流布されている二・七兆円の経済効果とされる数字は、訂正前の換算値が用いられているため、この部分だけでもおよそ五割も過大な結果になっている。[12]

図2—6　配分計算法による所要時間の相違

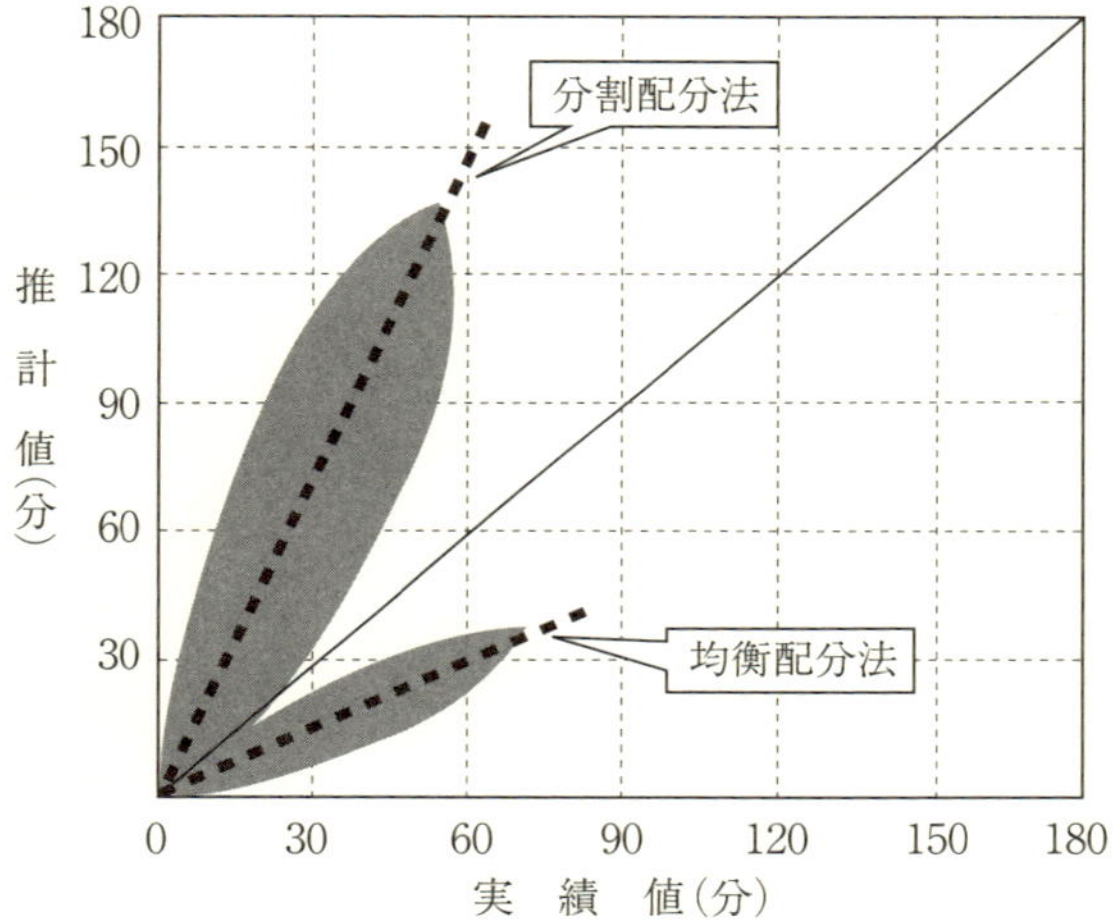

(出典)土木学会 土木計画学研究委員会 交通需要予測技術検討委員会『道路交通需要予測の理論と適用—第Ⅰ編 利用者均衡配分の適用に向けて—』2003年、104ページより要約。

もう一つは、「分割配分法」そのものの問題である。前述のように、業務契約書では「利用者均衡配分法」で実施するように指示されたが、実際は「転換率を併用した分割配分法」に切り替えて計算したという。このいずれを使用するかによって、同じ入力条件に対して、各ルートでの交通量や走行時間について異なった結果が発生する。したがって、その結果を用いて検討される時間短縮効果やCO_2削減効果についても異なった結果がもたらされる。

図2—6は、西遠都市圏(静岡県浜松市周辺)における一九九六年の調査をもと

に、二つの計算法によって各道路区間の所要時間を計算し、実績値と照合して再現度合いを比較した例である。計算値が図の対角線上に集まっていれば、実績をよく再現したとみなされる。分割配分法では、実績よりも所要時間が過大に計算される傾向が示されている。

この例だけでなく、一般に今回の報告書で採用された分割配分法は、所要時間が過大に推計される傾向であることが指摘されている。たとえば均衡配分法を用いた場合、高速無料化前に所要時間が二〇分、無料化後に一〇分とすると、一〇分の短縮である。これに対して分割配分法を用いると、同じ条件であっても所要時間が過大に推計されるから、無料化前に四〇分、無料化後に二〇分と推計される。すなわち二〇分の短縮となる。計算法がもともと二倍の結果になる傾向であれば、算定された時間短縮便益二・七兆円もまた二倍の推計であり、本来は半分程度が適切な数字と考えられる。

時間の経済価値の換算係数で五割増、計算法の相違で二倍という影響が重なれば、便益として報告されている数字は、実際には約三分の一程度の可能性がある。実はこの点こそが、これまで道路の整備に際して「意図的な過大推計」として議論され、また各地の道路訴訟で公共性が争われる論点ともなっている。

問われる新政権の政策能力

新政権は、せっかく「ムダな道路事業の抑制」「必要性の精査」を掲げていながら、高速無料化についてはそれをチェックできず、国土交通省の数字をそのまま採用した。評価能力の不足であり、今後の道路事業の必要性の精査についても大きな不安を残すことになろう。

交通量が極端に少ない高速道路の例としてたびたび取り上げられた道東自動車道のようなルートでは、無料化すればたしかに「有効利用」なのかもしれないが、もともと交通量が少ないのだから、便益の額も少ない。一方、交通量の多いルートでは、無料化するとすぐに高速道路の速度低下が著しくなって逆効果が生じる。実際はこうした両極端の中間に位置するケースが全国に多く存在する。また、選択しうるルートが二者択一ではなくもっと多い場合もありうるし、無料化の対象とならない首都高速道・阪神高速道を間に挟むケースなど、さまざまな起終点に対して多数の組み合わせが存在する。

膨大な道路ネットワークのなかで、無料化される高速道路に並行した、あるいはその近くの道路では、交通量の減少や時間短縮効果の影響を強く受ける。計算の対象となる道路から離れるほど、その影響は薄まっていくとはいえ、計算上ゼロにはならないから、いかに微小な時間短縮であっても、集計範囲を広くとって膨大な道路網全体について集計すれば、時間短縮便益は大きな数字になる。

過去に報告された道路事業評価に関するシミュレーションの例（東関東自動車道水戸線・三郷〜高谷《こうや》間）では、評価の対象となる新設区間が約二〇kmであるのに対して、「その他の道路」として四〇万km、すなわち全国の国道と都道府県道の合計をはるかに超える範囲を集計に含めるという、非現実的な計算方法によって便益を算出している。このように、どの範囲について集計するかによって、いかようにも便益の数字を操作できる。意図的に大きな数字の提示も可能なので、具体的な計算の細部にわたって精査する能力がなければ、道路事業の適切な評価は困難である。

さらに、大綱で採用されているシミュレーションでは、ある起終点について、高速道路と一般道を合わせた全体の交通量は無料化前後で同じとしている。しかし、無料化すれば全体の交通量が増える傾向になるから、速度はいっそう低下する。また、アクセス道路の改良などが同時に行われないかぎり、沿道住民にとっては、より多くの車が、より渋滞した状況で通行するようになる。個別の状況にもよるが、アクセス道路の混雑を避けて住宅地に通り抜け交通が侵入するなど、派生的な影響もありうる。

「高速道路の有効活用」を口実に、アクセス道路の改良などの事業が行われれば、地方の一般財源がさらに投入され、地方債残高が増加する。せっかく「ムダな道路投資の抑制」という目的を有していたはずの高速無料化が、国をすり抜けて地方で公共事業の発生の口実にも使われかねない。民主党の政策能力が問われることになろう。

多くの不確定要素

このほかにも、便益の算出には多くの不確定要素がある。道路ネットワークに関する条件を変更した場合、影響はいろいろな部分に及ぶ。そのうち恣意的に一部だけを取り出しても、適正な評価には当然ならない。

現在の「マニュアル」に記載されている手法は、ある時点(現在、将来)における自動車交通量を一定とし、かつ公共交通機関への影響は考えず、自動車交通のみを対象としている。交通手段の分担の検討を省略して、あらかじめ別のシミュレーションで計算ずみの自動車交通量を利用して、次のステップ以降の計算を行なっているのである。この場合、高速料金の変化による他の交通手段への影響は、計算に反映されない。あくまで総量が固定された自動車交通量が計算に用いられる。

局部的な道路計画ならこの方式でも問題がないケースもある一方で、広域的な道路計画では大きな誤差を招く要因となる。高速無料化についても同じ状況があり、公共交通から自動車に利用者がシフトする要素を考慮しないかぎりで「CO_2排出量が減る」という結果が得られているにすぎない。

また、「自動車交通は一定」という範囲だけについても、さらに恣意的に便益を大きく算出しうる要素がある。新しい道路の整備や高速無料化の場合、ある条件が変わると「どの道路に、どれだけ自動車が通行するか(場合によっては、とくに環境に影響が大きい大型車の割合などがどう変化するか)」を計算するステップが「経路配分」と呼ばれる。この部分について「マニュアル」ではいくつかの方法を例示し、「いずれかによる」と記載されているのみである。実は、この部分でどの手法を採用するかによって、前述のように時間短縮便益が半分になるケースもありうる。

図2―7　高速道路上の時間帯による交通量変動の例

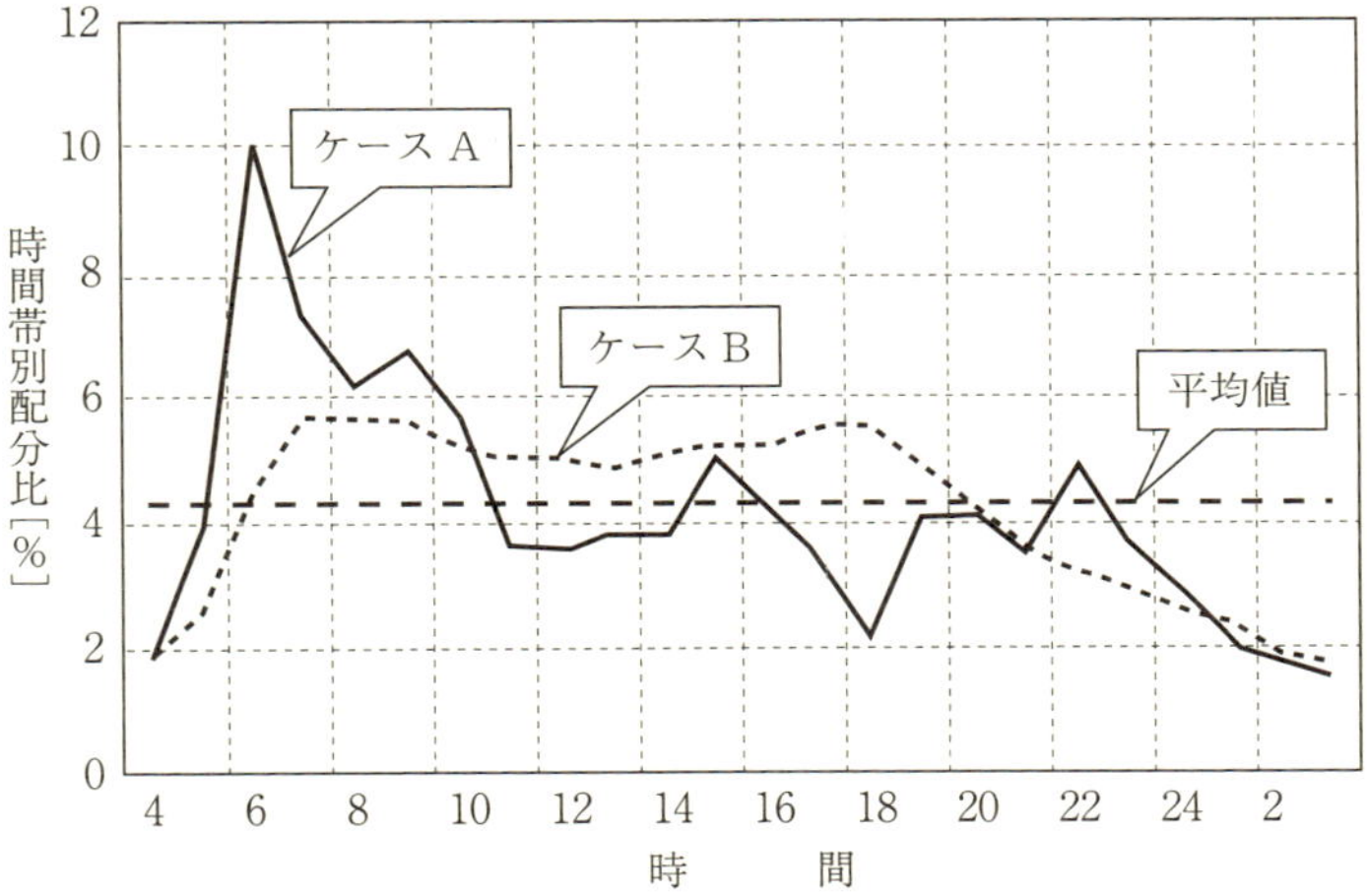

（出典）中村毅一郎・森田綽之・吉井稔雄・小根山裕之・島崎雅博「都市内高速道路シミュレーションモデルの適用について」第27回土木計画学研究・講演集、および棚橋巌・衣笠幸夫・國見均・藤田素弘・松本幸正・松井寛「自動車の排出量推計のための時間帯別均衡配分による交通流推計」第31回土木計画学研究発表会・講演集。

たとえば図2―7のようにケースAとケースBの二つの道路があるとき、時間帯別にみると交通量の変動パターンに差があることは珍しくない。このため、双方の道路上で起きる渋滞現象や走行速度はまったく異なる。しかし、一日の平均値は同じである。「マニュアル」では、「年間の平均的な一日の交通量に対し」としている。

多くの道路計画ではこの仮想的な一日平均交通量が採用されるため、ケースAとケースBのような状況の違いは計算に反映されない。高速無料化の検討についても同様である。こうした不完全なシミュレーションをもとに、「無料化すれば渋滞が解消」という安易な評価を下すことはできない。

5　過剰な自動車利用こそ真の「ムダ」

「ムダな道路事業」を止める方策について、たしかに高速無料化は検討の対象になりうる。だが、より本質的には、自動車と道路による交通が社会的には「高くつく」にもかかわらず、利用者がその費用を負担していないために自動車が過剰に利用されてきたことが、気候変動、大気汚染、騒音、交通事故、渋滞、そしてムダな道路建設の原因である。自動車がもたらすこれらの負の側面を除外して考えるならば、自動車の利用の促進が望ましい政策であると評価されてしまうであろう。

高速無料化や自動車関連諸税の軽減による自動車の利用費用の低下は、程度はともあれ自動車の走行増加を招き、負の側面をさらに増大させる。交通事故の被害者・加害者になるリスクを考えただけでも、高速料金や燃料費の節約とは比較にならないほど高くつくはずである。自動車の負の側面の一部は、いわゆるエコカー（燃料消費量の少ない自動車）によって軽減されるかもしれないが、ごくわずかである。

財貨やサービスの価格が安ければ需要は多くなり、価格が高くなれば需要は少なくなるという関係は当然、道路交通にもあてはまる。これを図2―8に模式的に示した。ある道路を利用する

図2—8　費用と交通量の模式図

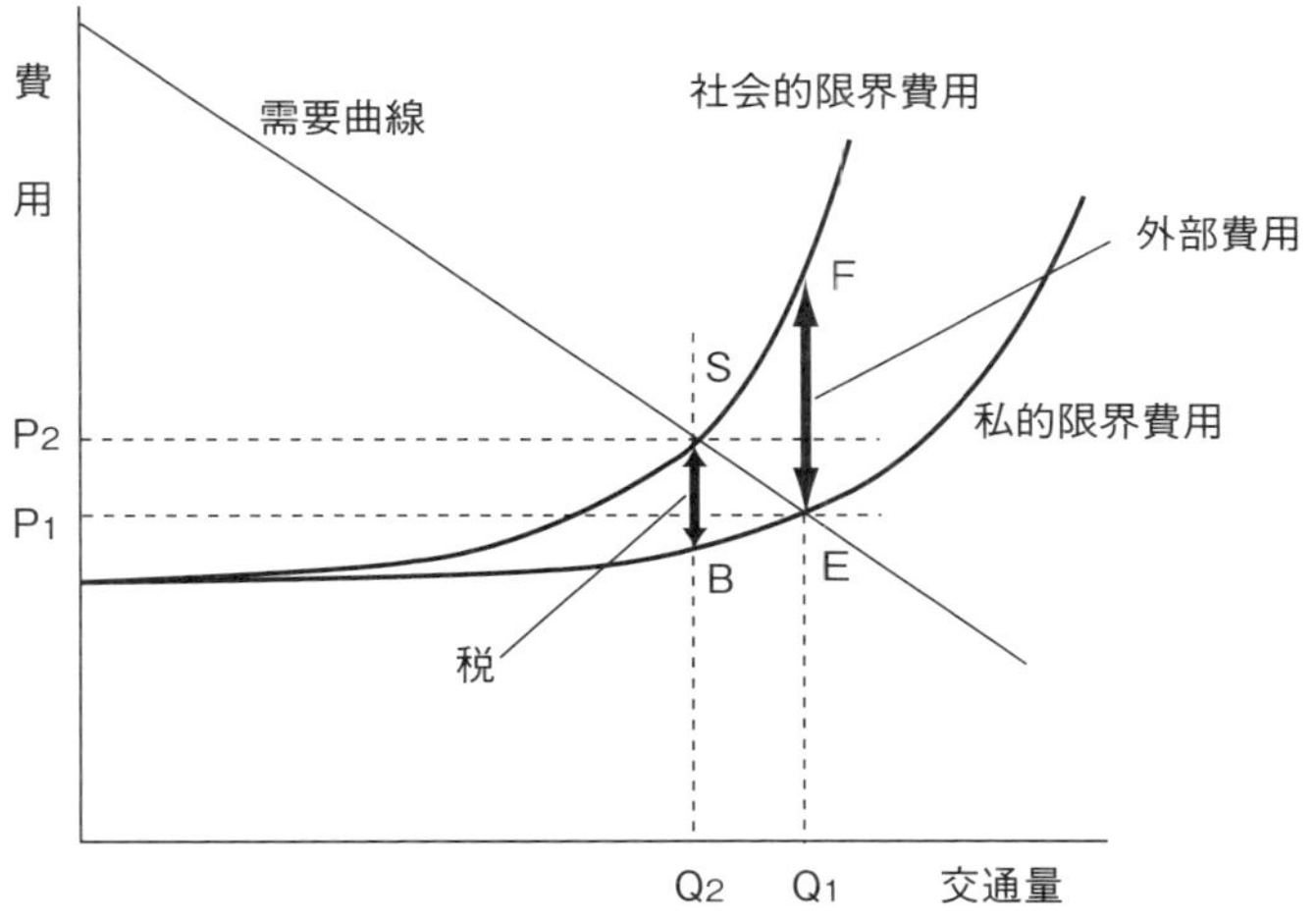

に際して、運転者が支払ってもよいと考える費用（私的限界費用）に対応したE点の交通量がQ１である。ところが、各運転者が道路を利用することで、渋滞（時間損失）・大気汚染・交通事故、さらに最近では気候変動などの外部不経済を引き起こすとすれば、交通量のQ１に対応してE―Fだけ外部費用が発生する。したがって、E点は社会的に最適ではなく、過剰に道路が利用されている状態である。

一方、前述のような外部不経済を考慮したときの費用は、二本の曲線のうち上の社会的限界費用で表される。これに対応した交通量がQ２であり、この道路における社会的に最適な交通量である（「最適」といっても、この状態で渋滞（時間損失）・大気汚染・交通事故などがゼロという意味ではない）。この社会的な意味での最適な交通量Q２を実現するには、運転者が私的に支払ってもよいと考える

表2—2　自動車が発生させる社会的費用

	大気汚染	気候変動	騒音	交通事故	インフラ過少負担	道路混雑
高位	2.6	17.7	5.2	7.1	7.0	14.6
中位	1.8	2.2	3.6	7.1	7.0	7.3
低位	1.1	0.1	1.3	7.1	7.0	2.9

(注) いずれも乗用車について円／走行km。
(出典) 兒山真也・岸本充生「日本における自動車交通の外部費用の概算」『運輸政策研究』4巻2号、2001年、199ページ。

費用に加えて、S—Bに相当する費用を税などの形で利用者に対して課金する必要がある。

黒川陽一郎氏(環境省)は、高速無料化に加えて暫定税率が廃止された場合には、自動車の利用に税金で四兆円の補助を与えることに相当すると指摘している。(13) いずれにしても自動車の利用費用が下がるから、交通量の増加は当然である。しかし、自動車がもたらす社会的な負の側面を考えると、補助を与えるどころではなく、むしろ課税を強化してもよいのではないか。

6　自動車の社会的費用

自動車の使用が発生させる費用には多くの項目がある。これまでに社会的費用の研究は多く、その詳細は本書で個別に紹介できないが、拙著(14)にまとめてあるので参照していただきたい。それらのなかで、最近は表2—2に示すように、兒山真也氏・岸本充生氏による総合的な整理がよく引用されている。大気汚染・気候変動・騒音・交通事故・インフラ過少負担(自動車利用者が負担していない分)・道

図2—9　走行kmあたりの利用者負担分と外部費用

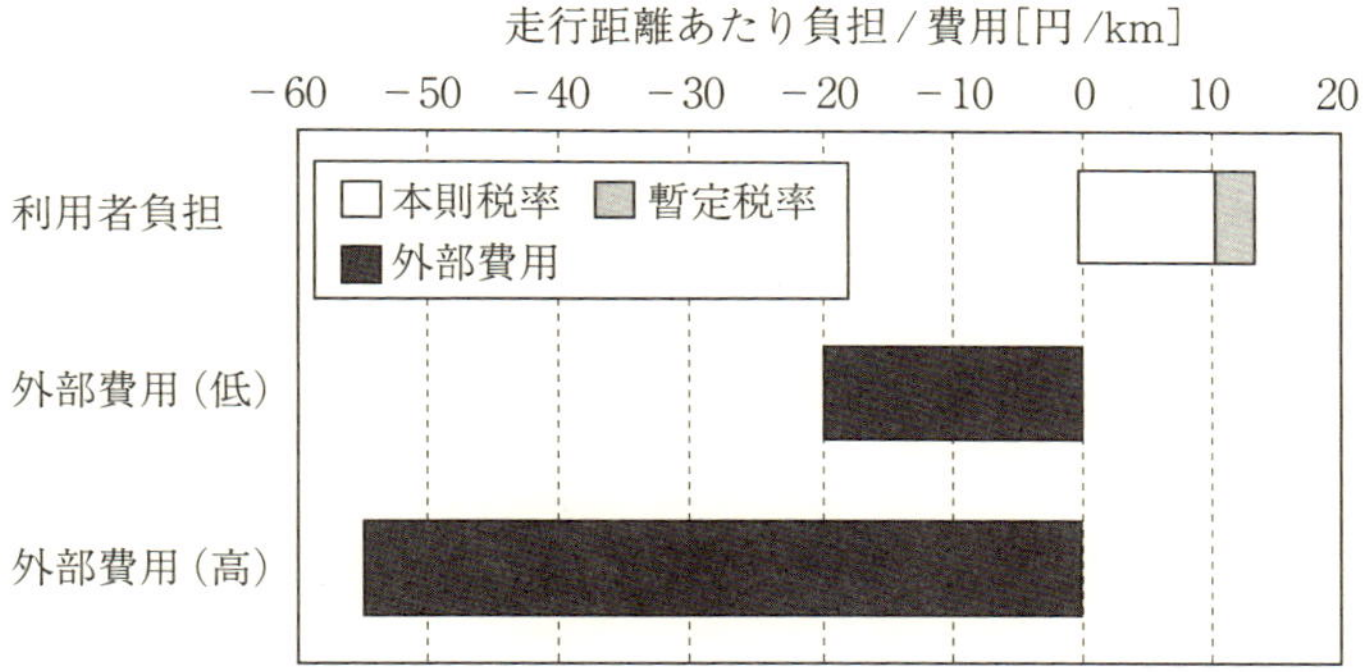

路混雑について算出された、欧米の自動車普及国における同種の研究とも総合的に近い数字である。考え方によって値のばらつきがあるため、単独の数字ではなく、低位・中位・高位の範囲をもつ数字として示している。

以上の検討から、乗用車について「利用者が負担している費用」と「利用者が負担していない費用」をまとめたものが、**図2—9**である。

まず、利用者の負担については、日本自動車工業会のモデル[15]をもとに、一八〇〇cc級のガソリン乗用車(車両重量一・五t未満)を一八〇万円で購入(ローンは考えない)して平均一一年間使用するケースを想定する。年間燃料消費量は、同会の試算では一〇〇〇ℓとなっていたが、統計[16]を反映して、九五〇ℓとした。これらの条件で試算すると、平均的な乗用車一台の一一年間の保有期間中における走行kmあたりの利用者の負担額は、本則税率分が八・八円、暫定税率分が四・三円、合計で一三・〇円である。

これに対して、利用者が負担していない費用(**表2—2**に示

図2—10　日本と海外のガソリン価格

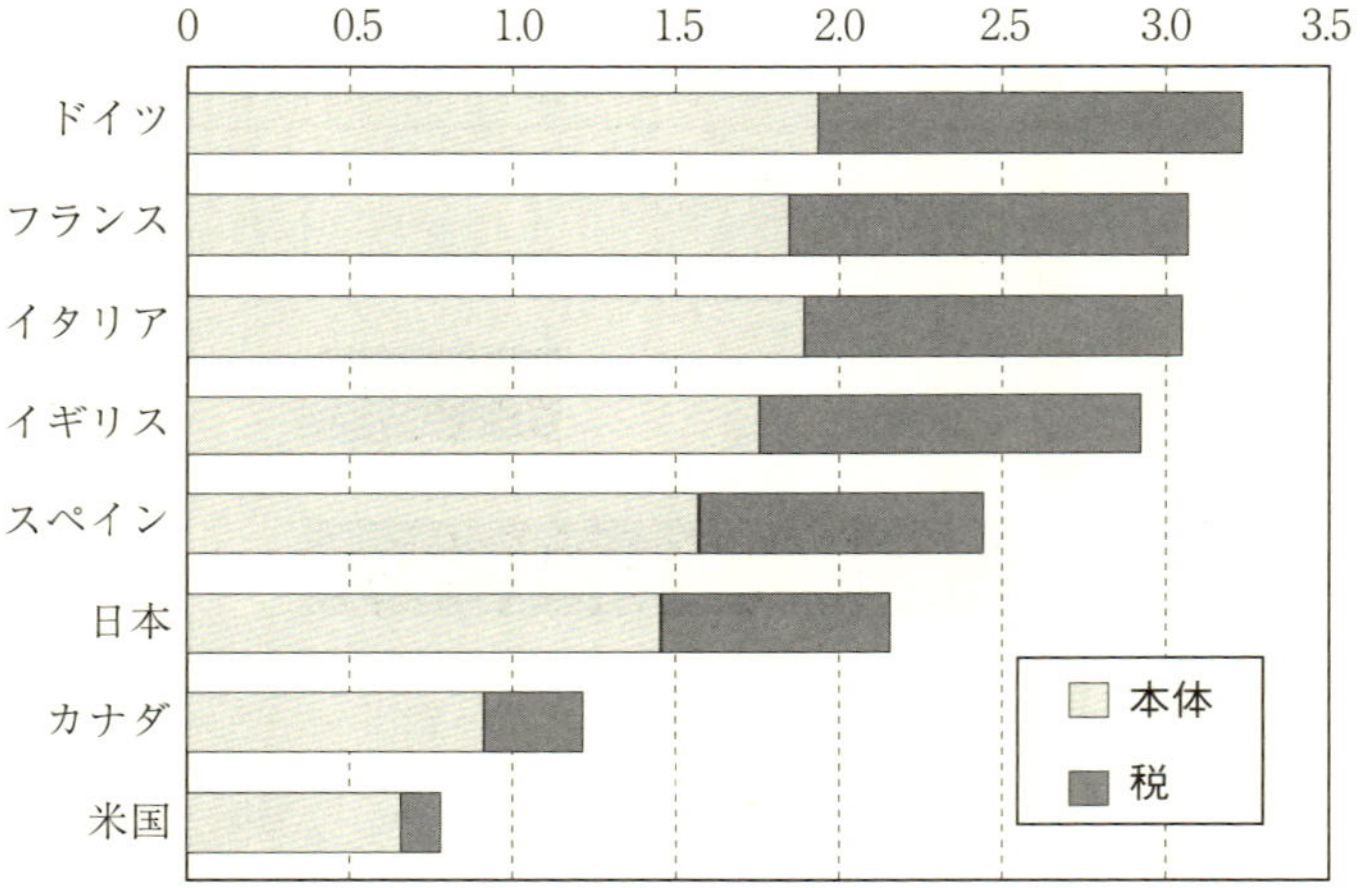

（注）2009年10月時点の米ドル換算である。
（出典）IEA（国際エネルギー機関）ホームページ。http://www.iea.org/stats/surveys/mps,xls

す六項目）は、兒山氏・岸本氏の報告に準拠すると、走行㎞あたり一九・五円（低位）～五四・二円（高位）となる。こうした外部費用を仮にガソリン課税に含めて利用者が負担するとすれば、ガソリン一ℓあたり二〇〇～五〇〇円となってもおかしくない。海外では、五〇〇円にこそ達しないが、**図2—10**のように三〇〇円近くのガソリン価格は実際にみられる。もし暫定税率が廃止されれば、適正規模を超えた道路の過剰な利用をさらに促進し、自動車による社会的な負の側面を増加させる。

一方で、意図的な政策の結果ではないものの、ガソリン価格の上昇が社会的な負の側面を抑制することが実証されている。米国のアラバマ・アット・バーミンガム大学などの研究者は、米国での一九八五〜二〇〇六年のガソリン価格と交通事故死者数の関係を分析し、燃料価格の上昇が交通事故の減少をもたらすと報告した(CNNウェブ日本版、〇八年七月二二日)。同じく米国の研究者によると、ガソリンの売上高、全米の車の総走行距離、交通事故死者数に関するデータを統計的に分析したところ、〇八年三〜四月のガソリン価格高騰の時期に、前年同期に対して、ガソリン売上高や総走行距離の減少は一〜四%程度だったが、交通事故死者数は約二〇%減ったという。

その理由として、燃料を節約するためにドライバーが速度を落とすようになり事故が起きても程度が軽くなったこと、飲酒運転や夜間運転になりがちなレジャー目的の運転が減ったことなどが指摘されている(『朝日新聞』ウェブ版、二〇〇八年八月三一日)。日本でも、燃料価格の上昇が交通事故防止につながっているという報道が多くみられた(『朝日新聞』〇九年七月二四日など)。

(1) たとえば、国土交通省国土技術政策総合研究所「平成一一年全国都市パーソントリップ調査」(二〇〇二年三月)の付帯意識調査。
(2) 技術的には「サグ」と呼ばれ、下り勾配から上り勾配に変化する谷底の部分である。ドライバーが下り勾配でエンジンブレーキを使用して速度を抑制している状態から、そのまま上り勾配に移行すると速度の低下が著しくなり、渋滞の原因になることが多い。
(3) 西成活裕『渋滞学』新潮社、二〇〇六年、四〇ページ。
(4) 国土交通省国土技術政策総合研究所「平成一九年度高速道路料金割引社会実験効果推計調査検討

業務報告書」二〇〇八年三月、および一〇割引（無料）補足資料。

（5）前掲（4）。

（6）自動車に受信装置を搭載して、リアルタイムで渋滞や交通規制などの情報提供を受けるシステム。

（7）山崎養世「高速道路無料化論への批判に答えよう」『ニュース・スパイラル』二〇〇九年八月二六日。
http://www.the-journal.jp/contents/newsspiral/2009/08/post_351.html

（8）車線数・交差点・勾配などの制約条件を考慮して、ある道路を通過しうる最大の交通量を算定したもの。実際の交通量が交通容量よりも少なければ、それぞれの自動車は他車の干渉を受けることなく自由に走行できる。

（9）土木学会 土木計画学研究委員会 交通需要予測技術検討委員会『道路交通需要予測の理論と適用―第I編 利用者均衡配分の適用に向けて―』二〇〇三年、一〇四ページ。

（10）国土交通省道路局 都市整備局「費用便益分析マニュアル」二〇〇三年八月。

（11）国土交通省道路局 都市・地域整備局「費用便益分析マニュアル」二〇〇八年一一月改訂版。

（12）実際の計算では「乗用車類」として、乗用車とバスを平均した数値が用いられているが、説明が複雑なので省略する。

（13）黒川陽一郎「民主の環境政策 どう実施すべきか議論を」『朝日新聞』二〇〇九年九月四日。

（14）上岡直見『自動車にいくらかかっているか』コモンズ、二〇〇二年。

（15）日本自動車工業会ホームページ。http://www.jama.or.jp/tax/responsibility/index.html

（16）国土交通省総合政策局『自動車輸送統計調査年報』第四巻第一三号（平成二〇年度分）。

第3章
交通体系はどうなるか

1　交通現象の予測

高速無料化によって国内の交通体系全体にどのような影響が生じるかを数量的にシミュレーションすることが必要である。このステップがなければ、いかに無料化による効果を列挙したところで、「そうなればよい」という期待を結論に置き換えた議論にすぎない。二〇〇九年三月からのETC休日割引は、年間日数のうちおよそ三分の一弱を占める土曜・日曜・祝日の料金収入が上限一〇〇〇円となることから、料金収入全体を平均して約三割引きに相当する。これは一〇割引きすなわち無料化の部分的な社会実験であり、それによって生じた負の影響は無料化でさらに拡大すると考えるのが自然であろう。

交通とは、当然ながら人や物の動きである。人びとが行きたいところに行き、物を運びたいところに運ぶという社会的なニーズを満たすことが、交通の本来の目的である。鉄道・自動車・航空機や、道路などの社会的なインフラは、あくまでその手段であって、それ自体の建設や提供が最終の目的ではない。道路・鉄道など交通手段の条件が変化したときの影響予測については、これまで整備計画の観点から研究され、さまざまな方法が開発されてきた。最近は、環境面の予測でも重要性を増してきている。

そうした予測の考え方をまとめると、図3―1のようになる。このシミュレーションは基本的に、人びとの選択をモデル化して表現している。図3—1は、人びとがどこからどこへ、どのような手段で、どのようなルートを通って移動するかを選択するメカニズムを模式的に表したものである。これでも要素のすべてを列挙しているわけではなく、いくつかの要因を省略せざるをえないし、シミュレーションで人間の選択行動を完全に再現できるわけでもない。しかし、各種の研究の成果から、こうしたモデルである程度は人びとの選択が予測でき、実務的にも使用されている方法である。

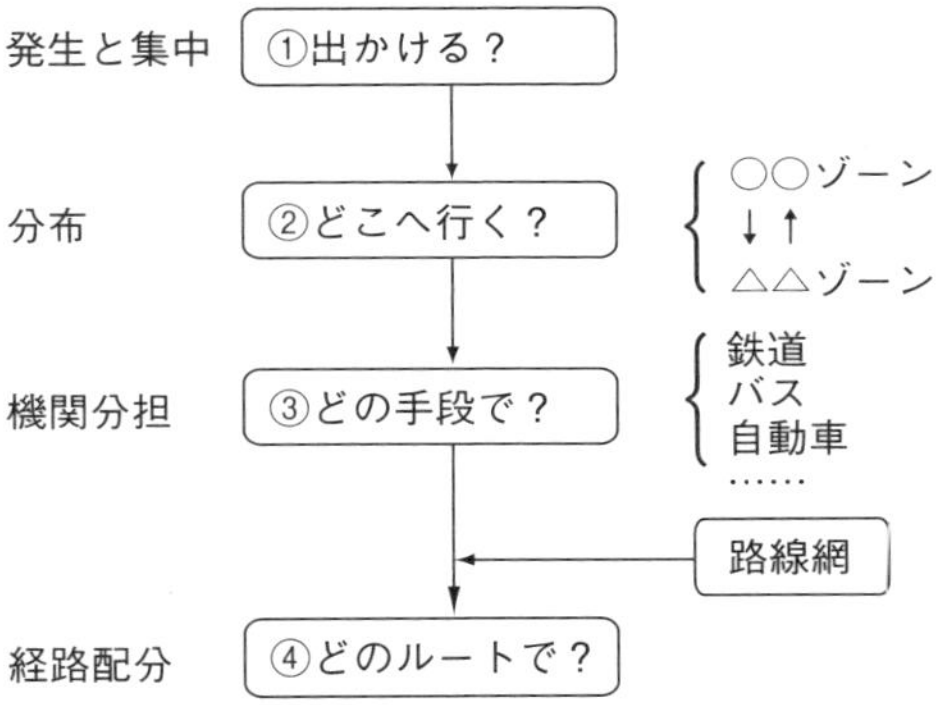

図3—1　交通量配分を推計するモデル

まず①の「発生と集中」のステップでは、ある条件の地域で、ある人が移動する確率を表現する。ただし、「外出しない」という選択も含まれる。これには、年齢・性別・所得などの個人の属性が関係する。また、移動の目的、すなわち通勤か通学かレジャーかといった要因もある。通勤ならば、とくに事情がないかぎり優先的・義務的に出かけなければならないが、レジャーならば出かけるかどうかの選択は他の要因によって左右されやすくなる。

②の「分布」も、移動の目的（通勤・通学・レジャーなど）によって行き先がさまざまに変化する。高速無料化や燃料価格の低下によって、一回のレジャーでもより遠くまで移

動する、すなわち目的地自体が変化するという影響もある。

③の「機関分担」は、移動の手段として鉄道・自動車・航空機などをさまざまな条件に応じて選択するステップである。たとえば、運転免許を取得していなければ自動車の選択肢はもともと存在しない。世帯あたりの自動車保有率も大きな要因となる。そのほか、費用・所要時間・鉄道や空港については自宅からの距離(所要時間)なども手段の選択に関連する。公共交通機関ならばダイヤの便利さも関連する。さらに費用については、勤務先から交通費が支給される出張と、費用を自分で負担するレジャーのように移動の目的の違いも、選択の確率に影響を与える。誰と(一人・カップル・家族・その他グループ)移動するかによっても、選択が変化する。

④の「経路配分」は、たとえばある目的地に、ある手段で出かけることが決まったとして、どのようなルートを選択するかのステップである。ルートは費用や所要時間によって選択される。鉄道ならば新幹線か在来線かの選択が生じるし、高速無料化によって、これまで高速道路料金の負担を避けて一般道を利用していた人びとが、高速道路に移行するであろう。これには六三ページで説明した「転換率」が関係する。

2　ルートの選択

鉄道や航空機に乗ること自体を趣味とする人びとや、いかに長距離でも自動車の運転を楽しみたい人びともいる。しかし、これらは全体での比率は小さい。多くの人びとは、移動の目的・人数・所要時間・費用などに応じて交通手段を選択する。経済学でいう「合理的選択」である。

いま、A地域（専門的には「ゾーン」という。おおむね一つの市区町村か、それを数分割した区域）とB地域の間を移動するとき、図3—2のようにいくつかの交通手段が選択可能であるとする。

図3—2　都市間交通手段の選択モデル

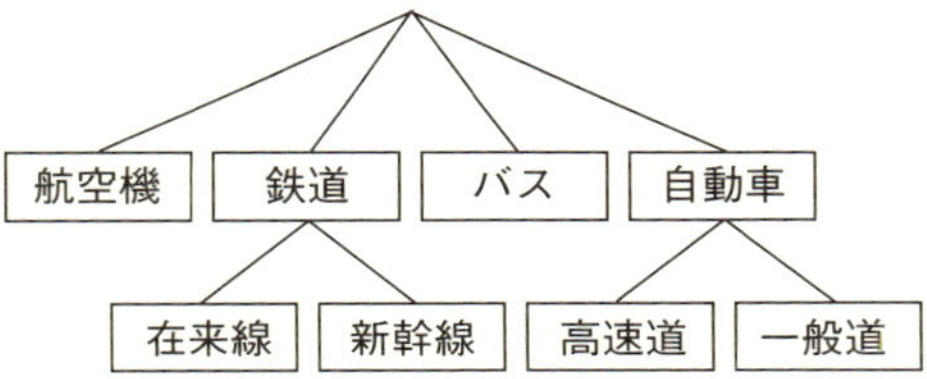

まず、航空機・鉄道・バス・自動車のいずれかを選択する（第一段階）。次に、鉄道なら新幹線か在来線か、自動車なら高速道路か一般道かを選択する（第二段階）。こうして、交通手段ごとに次々と分担が決定したとする。

次に、ある条件を変化させた場合に、どのような変化が起きるかを予測する。たとえば、高速無料化になったらどうなるだろうか。人びとの交通手段の選択を予測・推計する手法はいくつか提案されてきたが、現在は「ロジットモデル」が多く利用される。複数の選択肢があった場合、それぞれがどのくらいの確率で選択されるかをモデル化する手法である。

ロジットモデルでは、それぞれの手段の「効用」の大小が交通手段の選択確率を決める要素になると考える。「効用」とは、所要時間・費用・運行頻度・アクセス（空港や駅まで）の容易さなどのサービスレベルから計算される数字である。このモデルは、効用という概念を通じて、市場メカニズムのなかで無数の利用者が選択を繰り返した結果を表現するという性格があるため、現実の社会・経済システムのしくみと合っている。

さらに詳しく考えると、たとえば運賃の増減が選択確率に与える影響は、各人にとっての移動目的、すなわち仕事(交通費は勤務先から支給)かレジャー(交通費は自己負担)かなどさまざまな要因によって異なる。所要時間についてみると、在来線しかなかった区間に新たに新幹線が建設されるなど、インフラ整備を伴う技術的・ハードウェア的な要因で変化する場合がある。

運賃は、より政策的な手段で変化することもある。たとえば、ある政策目標に対して、公共交通機関のシェアを増加させることが望ましいとすれば、公費で公共交通の運賃を補助して、利用者にとっての負担を低下させる施策もありうる。

このように、さまざまな状況に応じて、サービスレベルを変化させたときに、交通機関の選択確率がどのように変化するかを推定し、それを地域あるいは全国にわたって集計したものが、交通機関のシェアの変化となる。ロジットモデルには、さまざまな応用がある。同じ鉄道路線でも、どの駅が利用されるかを推計したり、移動目的別・行き先別の選択を加えるなど、交通手段の選択ができるだけ正しく再現される工夫がなされる。

いずれにしてもある地域間の交通において、高速料金が無料になった場合には、単に高速道路と一般道の分担が変わるだけではない。航空機・鉄道・バスなどのダイヤや運賃などの条件が変わらないとしても、それらの交通機関から自動車利用にシフトする利用者が発生するので、すべての交通手段に影響が及ぶ。すでにETC休日割引の段階でも、並行する鉄道や高速バスの利用状況に影響が生じていることからも、これは確認できる。

3　交通手段の分担率の変化

利用したデータ

シミュレーションを行うには、まず移動の現状把握が不可欠である。公的な統計もあるし、各交通機関の事業者が独自にマーケティングの目的で行なった調査もある。後者は詳細が公表されることはほとんどないので、利用できる統計としては公的な統計が主となる。今回のシミュレーションで利用したのは、国土交通省の「全国幹線旅客純流動調査」(1)である。

ここでは、全国を二〇七の生活圏に分割し、相互間の旅客流動を調査している。ただし、中長距離の交通、具体的には都道府県境をまたがる移動が対象で、首都圏・中京圏・近畿圏内・各都道府県内、および北海道の四圏域内の流動量(2)は対象外である。このため、国内の旅客流動を人・km(一人の人が一km移動する)で表した場合、捕捉されているのは約四分の一である。なお、大都市圏内部や都道府県内部の移動ももちろん重要であり、検討の必要があるが、これらについては別に各地で「パーソントリップ調査」という統計が作成されている地域もある。これらのなかにも高速道路を利用する移動があると考えられるが、今回は検討の対象としていない。

表3—1　都市間交通機関選択モデルの要因

各交通機関に共通の変数	①幹線交通機関の所要（乗車）時間 ②乗車外（幹線交通機関へのアクセス）の時間 ③費用
航空機に特有の変数	④乗換回数 ⑤一日あたり運行頻度
自動車に特有の変数	⑥出発地の人口あたり自動車保有台数

こうして調査された旅客純流動を統計的に解析し、どのような要因が、どのくらいの強さで影響しているか（変数と、その係数）を整理・抽出する。簡単にいえば「費用をかけてでも速い移動（労力の節約）を選ぶか、時間をかけてでも（労力は許容する）安い移動を選ぶか」という選択を確率的に表す係数を求めるのである。ただし、その選択の確率は一様というわけではない。たとえば東京から九州のように一〇〇〇㎞を越える距離の移動を考えると、高速道路が無料になったとしても、非現実的に時間や労力がかかるルートでは、自動車が選択される確率は低くなる。

選択に影響する要因

本書では、前述のロジットモデルのなかから運輸政策研究機構によるモデル[3]を適用した。そこでは表3—1のような選択要因があげられている。前述のように、移動目的によって各要素の影響は異なるので、このモデルでは「業務」と「観光（その他私用を含む）」の目的別に係数を推定した。もちろん、現実の移動目的は多様であるが、データの制約からこう整理されている。

①の幹線交通機関の所要(乗車)時間は、たとえば新幹線や航空機ならばそれ自体の乗車時間や搭乗時間、高速道路ならば高速道路本体の走行時間である。この①の時間が短いほど有利、すなわち選択確率(いわゆるシェア)が高くなる方向に作用する。②は、たとえば新幹線なら、ある地域から新幹線に乗る駅までのアクセス時間(帰りも同様)であり、同様に空港までの時間、高速道路のインターまでの時間である。これも時間が短いほど、その交通機関にとって有利となる。

③の費用は、各交通機関を利用するための運賃や料金である。やはり、費用が安いほど有利になる。また、航空機に特有の変数として、④の乗換回数と、⑤の一日あたり運行頻度が影響を与える。たとえば東京を起点としたとき札幌や福岡へは便数が多く、移動のスケジュールに自由度が大きい。一方、地方空港へは一日に数便というケースが多く、移動に制約を受ける。こうした関係から、⑤は所要時間や費用とは逆に、数字が大きいほど有利である。

さらに、自動車に関する特有の変数として、⑥出発地の人口あたり自動車(乗用車の意味)保有台数があげられている。東京・大阪のような大都市圏と、その他の地方都市圏では、人口あたりの自動車保有台数に大きな差がある。たとえば東京都では〇・二五台なのに対して、富山県では〇・六〇台である。人口あたり乗用車保有台数が多ければ自動車を使う確率が高くなり、その裏面として公共交通を使う確率が小さくなる。

同様の関係は、鉄道のなかでは新幹線と在来線の選択に、自動車のなかでは高速道路か一般道かの選択にも影響を与える。高速無料化に対応させて考えると、いずれも自動車に関する費用が安くなるため、他の交通機関の選択確率が減少し、自動車へのシフトが起きる。ただし前述のように、距離が長くて極端な時間がかかるルートでは、この影響は小さい。このように条件を変化させていくと、日本全体で交通手段の選択がどのように変化するかをシミュレーションできる。

このシミュレーションでは、ある起終点間での総交通量は一定として、その分担の変化のみを求めている。このほかに、とくに観光に関しては、前述のように高速無料化によって目的地そのものを変更するという影響が考えられる。こうした変化についてのシミュレーションは、特定の地域については検討例がある(4)が、全国にわたってはむずかしい。とはいえ、ETC休日割引によって行楽地で他都府県ナンバーが増えているから、少なくとも自動車の走行距離の増加は確実であろう。

条件の設定

もとよりシミュレーションであるので、人びとの行動を完全には再現できない。現実的に計算するためには、いくつかの仮定を設けて実際の現象を簡略化しなければならない。本章の検討では次のような仮定を設けた。

①ある地域相互の旅客の総流動量は変わらないものとする。実際には高速無料化によって、それまで出かけなかった人びとが新たに動き出す影響が予測される。鉄道やバスの運賃が変わらなければ、この新たな人びとの動き(交通需要)は、ほとんどが自動車交通の増加になると

考えられる。しかし、現時点では、高速無料化によって、どのくらいの新たな交通需要が発生するかを予測する適切なモデルを選定できなかったため、この影響は除外している。すなわち、ある地域相互の総流動量は、統計の調査時点(二〇〇五年)と変わらないと仮定した。

②旅客のみを取り扱うことにする。実際には、高速無料化による高速道路・一般道での交通量の変化により、各ルートで所要時間の増減が生じるであろう。それに影響されて貨物車のルート選択も変化し、複雑な影響が生じると考えられるが、ここでは旅客の変化のみを推計している。

③高速無料化とともにインター増設が提案されているため、比較的短距離の高速道路利用の増加が考えられる。だが、どこにどれだけ新設するか決まっていないので、この影響は除外した。

④公共交通機関については、自動車交通へのシフトにより利用者が減った場合、短期的には減便、長期的には路線の撤退も考えられる。しかし、その影響を含めることはむずかしいので、公共交通機関の運行状況は利用者の増減にかかわらず当面は同じとする。一方、利用者が乗用車にシフトすると、走行台数が増える。この影響は乗用車による移動の増加とした。

⑤自動車からのCO_2排出量は、走行状態によって増減する。高速道路・一般道での交通量の変化により走行状況の変化が予想されるが、どのルートでどれだけ変化するかという個別のシミュレーションを組み合わせると計算が複雑になる。このため、現状の全国的な平均値を

使用し、公開されている自動車の走行kmあたりのCO_2排出量を使って求めた。

⑥航空運賃については、実態としてはさまざまな「格安航空券」が存在する。高速バスについても同様で、ツアーバス名義の格安運賃さえ存在する。これらの全容の把握はむずかしいため、代表的な正規事業者の賃率を用いた。

予想される変化

以上のようなモデルと仮定により、全国の二〇七生活圏の相互間について、交通手段の分担率の変化と、それに起因する自動車交通量の変化を求める。

単純には、二〇七生活圏の相互間の総あたり表として約四万ケースの組み合わせが発生する。しかし、前述のように都道府県内と大都市圏内の移動が除外されているし、旅客の流動がほとんどゼロの組み合わせ(たとえば九州南部から北海道東部へなど)は除外するので、実際には半分程度となる。高速道路料金その他に関する設定として、次の四ケースについて推計した。

①従来の高速道路料金
②二〇〇九年三月からのＥＴＣ休日割引
③高速無料化
④高速無料化に対抗して鉄道運賃・料金を(何らかの手段により)半額

図３—３は各ケースにおいて分担の変化を示したものである。

図3―3　各ケースの交通機関分担率の変化

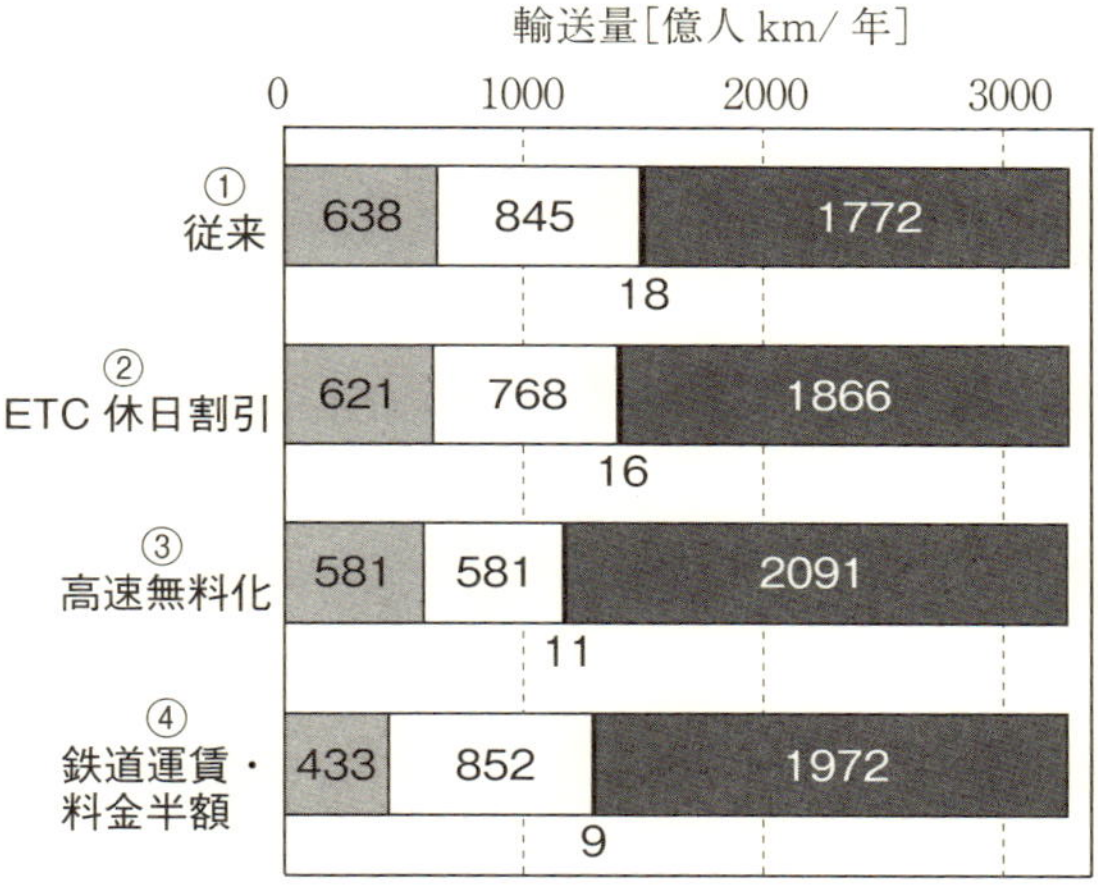

(注)▨航空機、□鉄道、■バス、▩自動車。

①の従来ケースと、たとえば③の高速無料化を比較すると、自動車の輸送量が一八％増加するのに対して、航空機が九％、鉄道が三一％、バスが三九％それぞれ減少すると予想される。すでにＥＴＣ休日割引の影響で、並行交通機関に一〇～二〇％の減少が報告されていることから推定すると、このような影響は実際に生じうるであろう。

なお、高速無料化に対抗して鉄道運賃・料金を仮に半額としたケースでは、鉄道のシェアは回復しうるが、その余波で航空機のシェアを奪う結果となっている。

次に、どのような区間で影響が大きいかを考えてみよう。東京と大阪を基点として、①において「鉄道のシェアが五割以上」あり、かつ高速無料化によって「利用者が五割減」以上の影響を受ける区間を抽出した。すると、東京起点では、東北全域、福井、愛知・岐阜・三重を含む近畿全域、島根、香川、愛媛などが該当する。また、大阪起点では、東北全域、群馬、首都圏一都三県、福井、静岡、岐阜、三重、山陽全域、四国全域、熊本・大分の一部などである。それ以遠はもともと航空機のシェアが大きいので、相対的には鉄道は大きな影響を受けないようである。

一方、運輸調査局はＥＴＣ休日割引の影響について「二〇〇七年旅客地域流動調査」とアンケート結果を併用して推定計算を行い、大都市圏内を発着する移動について五・八％が、大都市圏以外を発着する移動については八・一％が、鉄道から高速道路にシフトしているとの結果を報告した。また、一〇〇～二〇〇kmの距離帯での影響がもっとも大きいとしているが[5]、これは筆者の検討とも傾向がよく一致している。高速無料化になればこれらの影響がさらに拡大するであろう。

実際に、ＪＲ上場三社（東日本・東海・西日本）は、ＥＴＣ休日割引によって二〇〇九年度の運輸収入が三社合計で二一〇億円減るとの試算を示した（東日本九〇億円、東海七〇億円、西日本五〇億円）。ＪＲ各社からは、幹線部分の減収のために地方交通における役割を果たしにくくなると警戒する声が上がっている（『朝日新聞』〇九年一〇月二九日ほか各社報道）。

4　理不尽な影響を蒙る民鉄

鉄道は中距離圏でとりわけ深刻な影響を受ける。ＪＲは旧国鉄からの経緯で現在も公的関与が強いが、民鉄は営利企業である。関東圏では東武鉄道・小田急電鉄、中京圏では名古屋鉄道（名鉄)、近畿圏では近畿日本鉄道(近鉄)など、JRと同じように広域にわたって長距離路線・観光路線を有する事業者は、高速無料化の影響を強く受ける。高速道路が政策的に無料化され、営利企業である民鉄がその影響を受けるのは、JR以上に理不尽ではないだろうか。

検討ケースとして「大阪都市圏の代表的な住宅地である千里ニュータウンに住む家族(おとな二人・子ども二人)が、伊勢・志摩に旅行に行く」と想定し、鉄道と高速道路(自動車)の選択を考える。選択モデルは、前述のロジットモデルである(八九ページ参照)。鉄道ではJRと近鉄が利用可能だが、このルートでは多くの人びとが近鉄の特急を選ぶと考えられる。自動車では複数のルートが考えられるが、インターネットの地図サイトからルートを検索する。それぞれの費用や所要時間は、鉄道については「えきから時刻表」(6)、道路について「Map Fan Web ルート検索」(7)によって設定した。

近鉄の特急では、子どもが半額になるものの、家族で移動すると人数分の運賃・料金がかかることが不利となり、費用面では自動車(高速代とガソリン代)よりも四〇〇〇円ほど高くつく。一方、自動車よりも所要時間が二時間弱(往復四時間)短い。計算の結果、現状では鉄道二三%、自動車七七%と推定されたが、高速無料化になると、鉄道一六%、自動車八四%に変化する。

すなわち近鉄側からみると、この区間での利用者が約三割も減る結果になる。もちろん、モデルは人間の選択行動を完全に再現するものではなく、さまざまな誤差要因がある。とはいえ、程度の差はあっても鉄道が大きな影響を蒙るのは確実である。

ＪＲも民鉄も、消費税の加算を除いて、一部を除き一九九〇年代以降はほとんど値上げをしていない。営利企業でありながら、運賃を抑制して国民生活の安定に多大な公的役割を果たしてきた。しかし、高速無料化による影響が深刻になった場合、値上げを検討せざるをえなくなるだろう。あるいは、東武・名鉄・近鉄のように広域に路線を展開し、ローカル路線も維持している事業者では、ローカル路線の廃止を検討せざるをえなくなるだろう。

二〇〇九年九月に大手民鉄各社は、同年四～九月期における前年同期比の収益状況を発表したが、軒並み減益となっている（『日本経済新聞』〇九年九月一九日）。とくに、東武・名鉄・近鉄・南海など、中長距離路線で高速道路と競合する路線を有している事業者の減益が大きい。これに対して、東急・京王など大都市圏内を中心として高速道路と競合しない事業者の減益は小さいことからも、ＥＴＣ休日割引の影響が推定される（表３―２）。

こうした影響は、事前に筆者が予測した前述の結果とよく合致する傾向を示している。これは金額としての評価であるが、その分だけ自動車に移行したとすれば、環境面ではＣＯ$_2$排出量の増加として表れたことになる。

表３―２　民鉄の収益状況の変化

事業者	2009年4～9月期の前年同期比（%）
東急	▲0.1
小田急	▲1.7
東武	▲3.0程度
京王	▲1.0強
京急	▲1.5
相鉄	▲1.8
名鉄	▲5.8
近鉄	▲5.0程度
京阪	▲1.5程度
南海	▲4.0程度

（注）▲はマイナスを示す。

5　公共交通の崩壊

高速無料化の派生的な影響として、航空機では減便・地方路線廃止の加速、鉄道（おもにＪＲ）では基幹収益部分である新幹線・特急の収益性低下によるサービス低下・地方路線廃止の可能性がある。図３―４は、国内の現状の鉄道ネットワークである。これが人びとの移動の自由の確保に貢献している社会的な役割は少なくない。ところが、高速無料化の一方で、既存の公共交通に対して何の政策的対応もなされなければ、ＪＲも含めて各公共交通の事業者は、ネットワークの縮小あるいは撤退を余儀なくされる。

図３—４　現状の鉄道ネットワーク

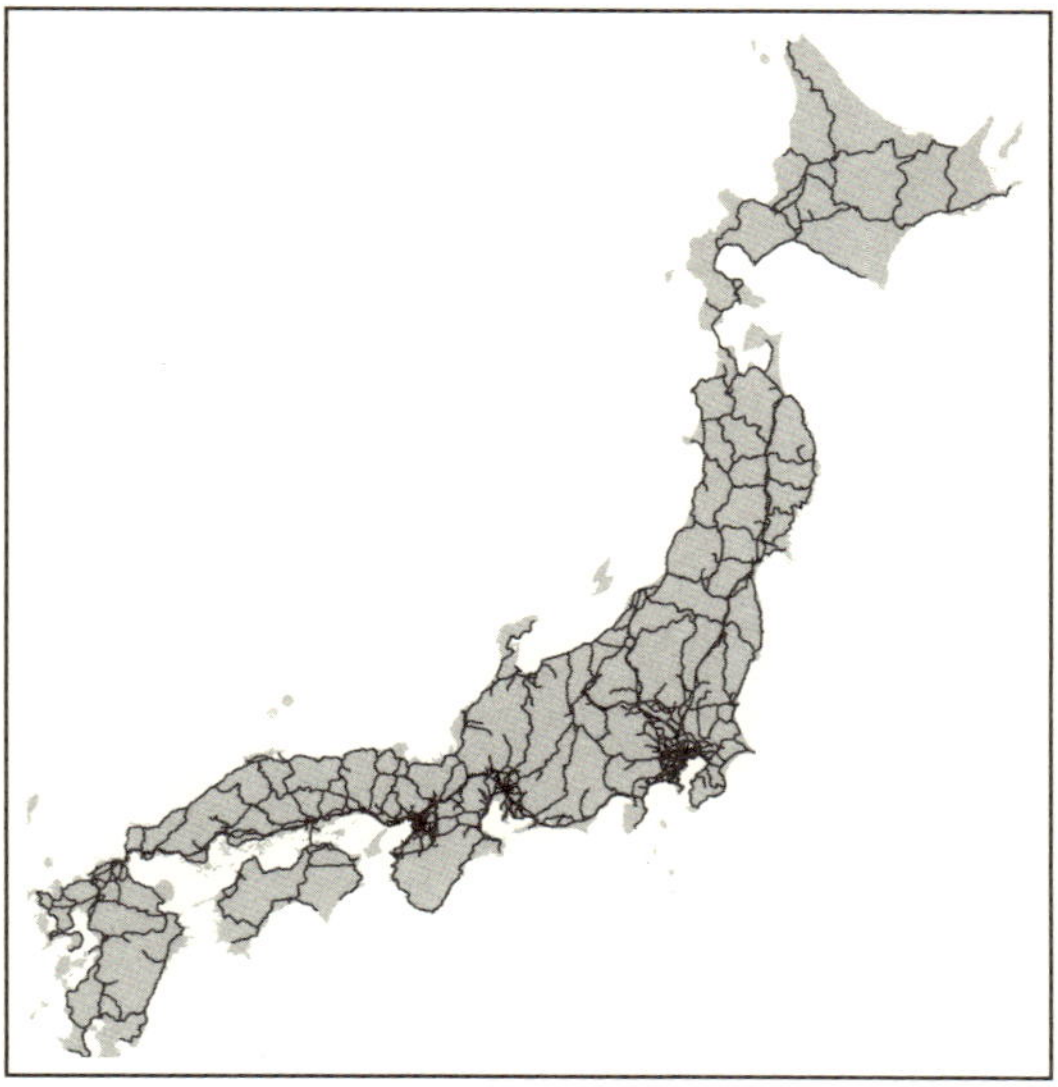

すでに民営の地方鉄道が各地で消滅している。これまでのおもな廃止対象は、人口集積の少ない地域で運行される中小民鉄

の路線であった。ところが、最近の傾向として、大手民鉄の大都市近郊路線（二〇〇四年四月の名鉄三河線、〇五年三月の名鉄岐阜市内線・美濃町線・揖斐《いび》線・田神《たがみ》線）や、〇三年一一月のＪＲ西日本可部《かべ》線の一部区間のように、県庁所在都市と直接に接続した路線でさえ廃止例が出ている。あるいは、近い将来の北陸新幹線の延伸にともない、並行在来線である信越本線・北陸本線などの行方も懸念される。

　いったん廃止されかけた路線を自治体や住民の力で復活させた、えちぜん鉄道（福井県、京福電鉄から継承）・万葉線（富山県、加越能鉄道から継承）・富山ライトレール（富山県、ＪＲ西日本から継承）・和歌山電鐵（和歌山県、南海電鉄から継承）などの例もあるが、決して将来は安泰ではない。図3―5に、現在の交通政策の延長上では維持がむずかしいと思われる路線が消滅した場合、将来の日本の鉄道ネ

図3―5　高速無料化の影響

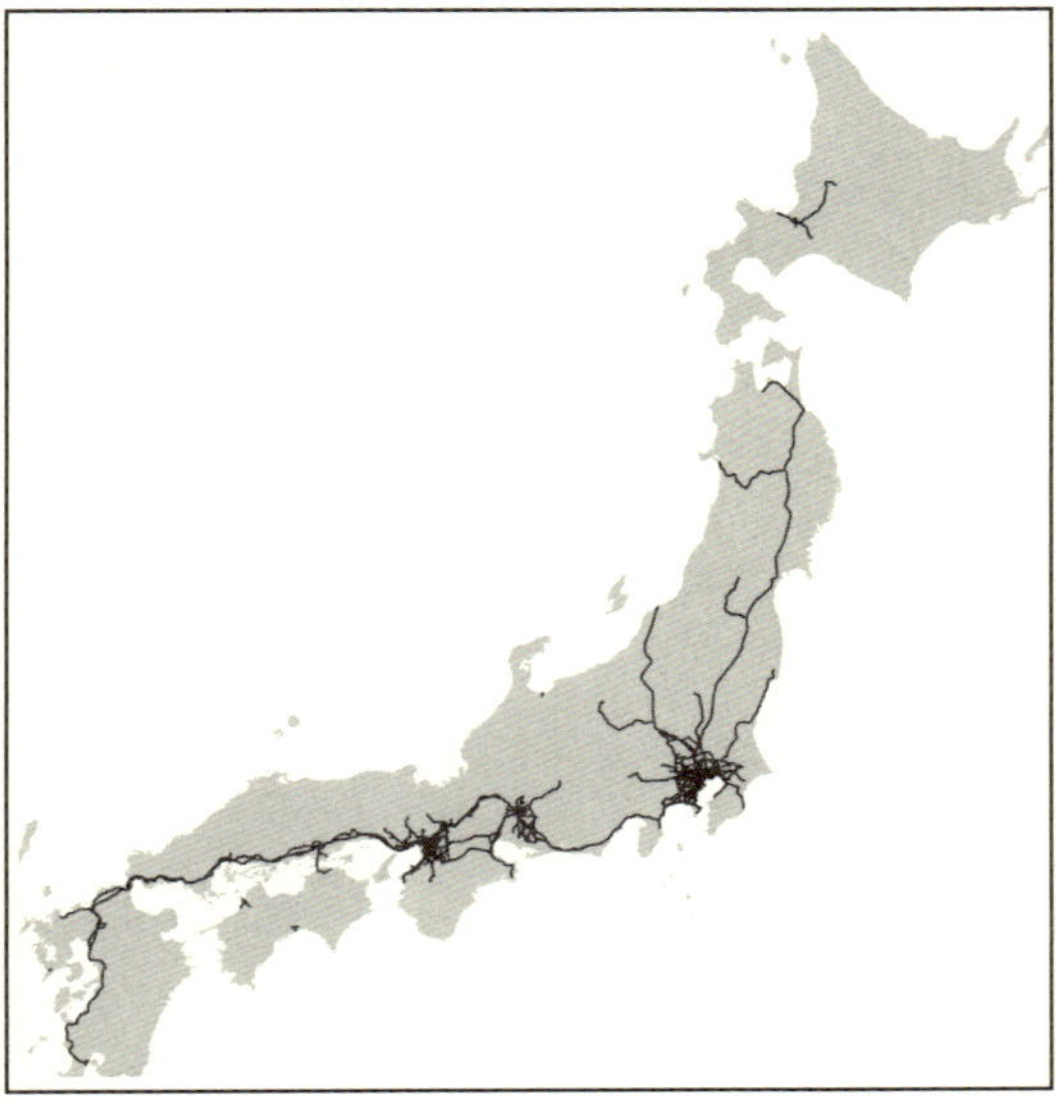

（出典）筆者作成。現存する沖縄県の鉄道・軌道は沖縄都市モノレールのみであるので省略した（ただし「現状」とは2000年時点）。

ットワークがどうなるかを示した。

これは、輸送密度（一日・一㎞あたりの通過旅客数）が八〇〇〇人以下を基準として鉄道が廃止された状態である。個別路線の存廃は各鉄道事業者の判断によるので、この図はあくまで想像であるが、この輸送密度を下回ると、それぞれの路線単位では収支がバランスしないと考えられている。独立した地方路線を経営する中小民鉄でも事情は同様である。これに該当する路線は全国で約三五〇路線、駅数にして約三七〇〇駅、関与する自治体数は約九〇〇にもなる。近い将来この図の状況が出現することは、決して誇張ではない。

ＪＲ四国の松田清宏社長は、二〇〇九年九月三〇日の記者会見で、同年三月から実施されたＥＴＣ休日割引で一四億円の減収が予想され、高速無料化が実施された場合、さらに三〇億円の減収となって、経営に重大な支障が生ずるとの懸念を示した。同氏によれば、このレベルの減収が生じると、経営努力の限界を超え、国による何らかの措置が取られなければ、列車の運行本数の大幅な削減や路線の廃止を検討せざるをえなくなるという(8)。

日本航空は二〇一〇年一月に会社更生法を申請し、今後は多数の不採算路線の廃止が実施される見込みである。航空路線では、ローカル路線といっても、そのほとんどはＪＲの新幹線や在来線の幹線に相当するルートである。代替できる鉄道路線があるからこそ、航空機の不採算路線の整理が可能であるといえよう。高速無料化によって鉄道のネットワークも崩壊すれば、多くの地方都市では、地域内の交通に加えて、都市間の移動も不便に直面する。

バスについても深刻な影響がある。すでにETC休日割引の段階で高速路線バスは乗客が減少し、マイカーの渋滞で発着の遅延も起きている。

たとえば二〇〇九年春のゴールデンウイーク、お盆、九月のシルバーウイークの期間中に、広島空港(三原市)と広島市中心部を結ぶリムジンバスで、渋滞による遅延のため車両や乗務員のやり繰りがつかなくなるなどの原因で、計四四二便の欠便が発生したという(『中国新聞』〇九年一〇月一日)。また、九州バス協会は、ETC休日割引の段階で乗客の減少がみられ、平日も割引が適用された〇九年八月には、乗客が前年同月比で一二%減少したとしている(『読売新聞』〇九年九月一三日)。さらに、広島県バス協会は、高速無料化の見送りを求める政府への要望書を提出した。高速路線バスの収益減が各社の経営を圧迫すれば、生活路線の維持がむずかしくなり、地球温暖化対策にも逆行するとしている。

いま、地方都市におけるバス事業者の多くが高速バス事業の収益で市内路線をかろうじて維持しており、高速バス事業が崩壊すれば、市内路線は維持不能となる。路線バス事業者が撤退すれば、自動車が使えない住民は日常の外出に制約を受ける。家族や知人の自動車に乗せてもらえばよいと考えるかもしれないが、これは適切な対策ではない。乗せてもらうには相手の都合に依存せざるをえず、大きなストレスをかかえることになり、たび重なると頼みにくい。このため、私用の外出はもとより医療機関へ行くことさえためらう例も地方都市や農村部ではよくみられる(9)。それが心理的・身体的な健康にいっそうマイナスの影響をもたらす。

自動車が使えない住民は、外出を断念するか、医療機関など不可欠な外出にはタクシーを利用せざるをえないなど、大幅な負担を強いられる。仮にタクシーを使わざるをえなくなった場合、その額が全国でどのくらいになるかを検討してみよう。

全国的な統計はないが、公開されているデータとして福井都市圏パーソントリップ調査[10]によると、住民一人・一日あたり路線バスを平均で〇・〇四回利用している。一見、わずかな割合のようにも思えるが、全国（首都圏の一都三県・京阪神の三府県を除く）で同様に利用されていると仮定すると、年間約九億回に相当する。バス利用平均距離と、同じ距離のタクシーとの運賃差（全国の平均的な値）から計算すると、全国では約二兆六〇〇〇億円の負担増加になる。

これは、高速道路利用者が節約すると期待している金額が、そのまま自動車を使えない住民の負担となることを意味する。タクシー事業者によっては、定額フリーパスなどの割引制度（正規料金に対して一〇～四〇％の割引率）を提供している例[11]もあるが、それでも通常の路線バスに比べて負担の増加は避けられない。

こうした住民の負担を緩和しようとすれば、自治体で代替バスを運営するなどの対処が求められる。高速無料化そのものが税金の投入を必要とするとともに、派生的な影響でも税金の投入を連鎖的に招くのである。

（1） www.mlit.go.jp/seisakutokatsu/jyunryuudou/user.html

（2）首都圏は東京都と神奈川・埼玉・千葉三県、中京圏は岐阜・愛知・三重県、近畿圏は京都・大阪府と兵庫・奈良県、北海道四圏域は道央・道北・道東・道南を指す。
（3）運輸政策研究機構『二一世紀初頭の我が国の交通需要―交通需要予測モデル―』二〇〇〇年三月。
（4）円山琢也・原田昇・太田勝敏「誘発交通を考慮した混雑地域における道路整備の利用者便益推定」『土木学会論文集』七四四号／Ⅳ―六一、一二三ページ、二〇〇三年。
（5）財団法人運輸調査局「『高速道路料金引き下げに関する研究会』報告概要」二〇〇九年一〇月。
（6）http://www.ekikara.jp/top.htm
（7）http://www.mapfan.com/routemap/routeset.cgi
（8）ＮＨＫニュース二〇〇九年九月三〇日（ウェブ版、http://www3.nhk.or.jp/news/t10015809701000.html）
（9）金持伸子「特定地方交通線廃止後の沿線住民の生活（続）～北海道の場合」『交通権』第一〇号、一九九二年、二ページ。
（10）第三回福井都市圏パーソントリップ調査（二〇〇五年一〇月）。http://info.pref.fukui.jp/toshi/pt/index.html 対象地域は、福井市・鯖江市・越前市・坂井市・あわら市・勝山市・大野市・越前町・南越前町・池田町・永平寺町の七市四町。なおトリップとは、人がある目的（通勤・通学・私用など）のために、ある地点からある地点へと移動した行動を一単位として数えた回数である。一トリップのなかに複数の交通手段（家からバス停まで徒歩、次いでバスに乗るなど）が含まれる場合もある。
（11）三ヶ森タクシー（福岡県北九州市）ホームページ。http://www.hohoemi-gr.com/price.html"

第4章

まち・人・暮らしが壊れる

1　広域化で行政の負担が増える

山崎養世氏の『道路問題を解く』には、高速無料化で期待される効果として以下の点があげられている。[1]

「高速道路を無料化して出入り口を大幅に増やせば、次のようなことが起こります。

●通勤圏、生活圏が広がり、ゆったりとした住まいと余裕のある暮らしが実現できる。

●主要都市の過密とそれ以外の地域の過疎が緩和される。

●買い物、観光、旅、キャンプ、別荘などにかかわる移動コストが減って、ライフスタイルが変わる。

●移動距離が広がることで、広々した介護施設や病院、学校などの生活関連施設が充実する。

●住宅、建設、不動産取引が活発になる。

●物を運び販売する時間とコストが大きく下がる（運輸、小売り、農林漁業等で効果大）」

このほか、「高速道路が無料になればクルマで一時間以内、おそらく五〇キロから一〇〇キロ以内が通勤圏、生活圏になります」[2]との記述もみられる。しかし、統計によると、自動車の使用一回（トリップ）あたり平均走行距離は全国平均で一四㎞程度、ほとんどは地域内の短距離移動である。出入口の増設も提案されているとはいえ、自動車の利用実態からみて、五〇～一〇〇㎞を通勤圏・生活圏とするという想定は非現実的ではないだろうか。

人びとが高速道路による通勤・生活を前提として、遠くに住居を求めれば都市のスプロール化が促進される。そして「移動距離が広がる」ことからCO_2の増加に当然つながる。ただし、それは問題のごく一部にすぎず、ほかにもさまざまな社会的に負の影響をもたらす。多くの自治体では、これからの人口減少社会のもとで郊外に広く拡散した都市では行政経費の負担に耐えられないとして、中心市街地の活性化や「コンパクトシティ」政策を指向している。高速無料化は、そうした自治体の努力も破壊する。

二〇〇九年七月に公表された、内閣府の「歩いて暮らせるまちづくりに関する世論調査(3)」によると、「歩いて暮らせるまちづくり」に賛成する人は九三%であり、反対は三%であった。賛成理由の上位四位は「自動車を利用できない人も生活しやすい環境になる」「自動車との事故が減り安全・快適に歩いたり、自転車を使える」「環境への影響を減らすことができる」「中心市街地の活性化につながる」である。これに対して、反対の理由は「自動車のほうが便利」「公共交通が不便」などで、「郊外の自然豊かなまちに住みたい」は少数であった。高速無料化で期待されるとする効果を、多くの人びとが実際に求めているのかどうか疑問である。

また、角本良平氏は、高速無料化に疑問を呈して、次のように指摘している。

「無料にすれば交通量がふえ、地域が発展するというのが一つの答えである。しかしなぜそれを特定の納税者が負担するのかは説明されていないし、地域の発展も怪しい。今の日本の国土で交通費を安くしたら発展するところが存在するのか。その実証が必要なのである。例えば神戸・徳島間の橋を安くしたとき、被害を受けるのは徳島側ではなかろうか。国民にはそのような見方がある。環境論からの疑問もある。自動車交通量が増えるのは望ましいことか。ことに都市へさらに自動車を呼び込むべきかどうか[4]」

図4—1　住民1人あたりの行政コスト

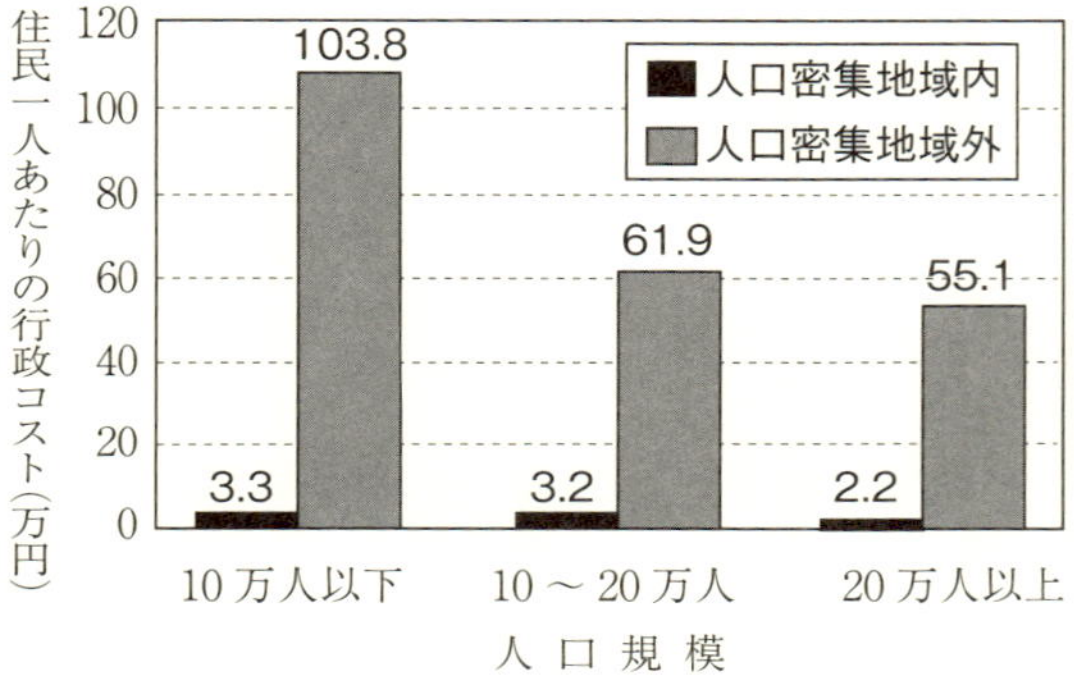

（出典）経済産業省『中小企業白書』2005年版、第2部 経済構造変化と中小企業の経営革新など。

そして、分散した居住は、より大きな社会的費用を生じる。人が住むということは、土地を取得して住宅を建てるだけではない。日常の買い物は誰にとっても必須であるし、多くの人は子どもを学校に通わせる必要がある。行政は上水道・下水道を引き、ごみを集め、福祉サービスを提供しなければならない。積雪地帯では除雪も大きな負担で、降雪の多寡で財政収支に目立った影響が表れる。すなわち行政コストを伴うのである。また、民営とはいえライフラインの性格を有する電気・ガス・郵便も同様である。

図4—1は、都市の人口規模別に、人口密集地域（DID）[5]と、それ以外の郊外部について、住民一人あたりの行政コストがどのくらい異なるかを調査した結果

である。住民の生活に必要な道路、公園、下水道などの都市施設の維持更新費用は、人びとが分散して居住するほど加速的に上昇する。都市の人口規模によって差はあるが、DID内ならば住民一人あたり二～三万円(年間)のコストが、DID外では五〇～一〇〇万円に急増する。

高速無料化が恒久化したときに、どのくらいの人びとが郊外に居住するようになるかを推計した具体的なシミュレーションは、まだ報告されていない。仮に人口の五%が郊外に移転したと想定すると、自治体の財政負担が全国で約一兆五〇〇〇億円増加する。[6]しかも、市街地の維持に必要な行政サービスは、施設面だけではなく、福祉・教育などのソフト面も必要である。このため、全体としては行政コストの増加はさらに多額にのぼるであろう。

高速無料化を利用した分散居住者が、従来の行政サービスに依存せずに自給自足の生活を営むのであれば、行政の費用負担は少なくてすむかもしれない。しかし、高速無料化の論者は、前出のように「五〇～一〇〇km以内が通勤圏、生活圏になる」「買い物、観光、旅、キャンプ、別荘などの移動コストが減る」などと想定している。これは、従来と同じような公共サービスの利用を前提としていると解釈される。

したがって、行政コストの増加は、高速道路を利用しない納税者の負担になるとともに、地方債などの借金で賄われ、将来の世代に先送りされる。それは高速無料化によって生じるとされる「経済効果」を打ち消す額にのぼり、高速道路を利用しない納税者の負担ともなる。

2　駐車場をどうするのか

高速無料化で議論されていない、あるいは認識不足の問題に、駐車場がある。高速無料化を前提として、郊外に居住して高速道路を利用する通勤者が増えると、都市に乗り込んできた自動車を都市内のどこに停めるのかが大きな問題となる。もし、それらを無秩序に路上に停めれば大混乱となり、都市内での交通事故や渋滞の増加につながる。CO_2の排出量も増加する。

したがって、本当に五〇～一〇〇km以内を通勤圏・生活圏とするのであれば、無料化と併せて駐車を吸収するための方策を実施しなければならない。高速無料化は比較的短期間に実施できるが、大都市はもとより地方都市でも駐車場の整備は容易ではなく、多大な費用と時間がかかる。地下駐車場を建設すると、自動車一台あたり四〇〇〇万円以上の費用がかかる。[7] その費用を誰がどうやって負担するのであろうか。民間で空地を利用してコインパーキングのような平面の小規模駐車場を多数設ける方法はありうるが、都市空間の有効利用という点では非効率である。

京都市中心部での駐車場の増加を図4―2に示した。歴史的都市の京都でさえ、このような状況である。子どもの遊び場、都市住民の憩いの場、文化的・歴史的資産が失われ、「まちづくり」でなく「まちこわし」が起きる。高速無料化によって通勤圏・生活圏が広がれば、負の影響がこうした面にも出現するであろう。都市空間が自動車のために占有された結果、子どもの外遊びが

図4—2　京都市中心部の駐車スペースの増大

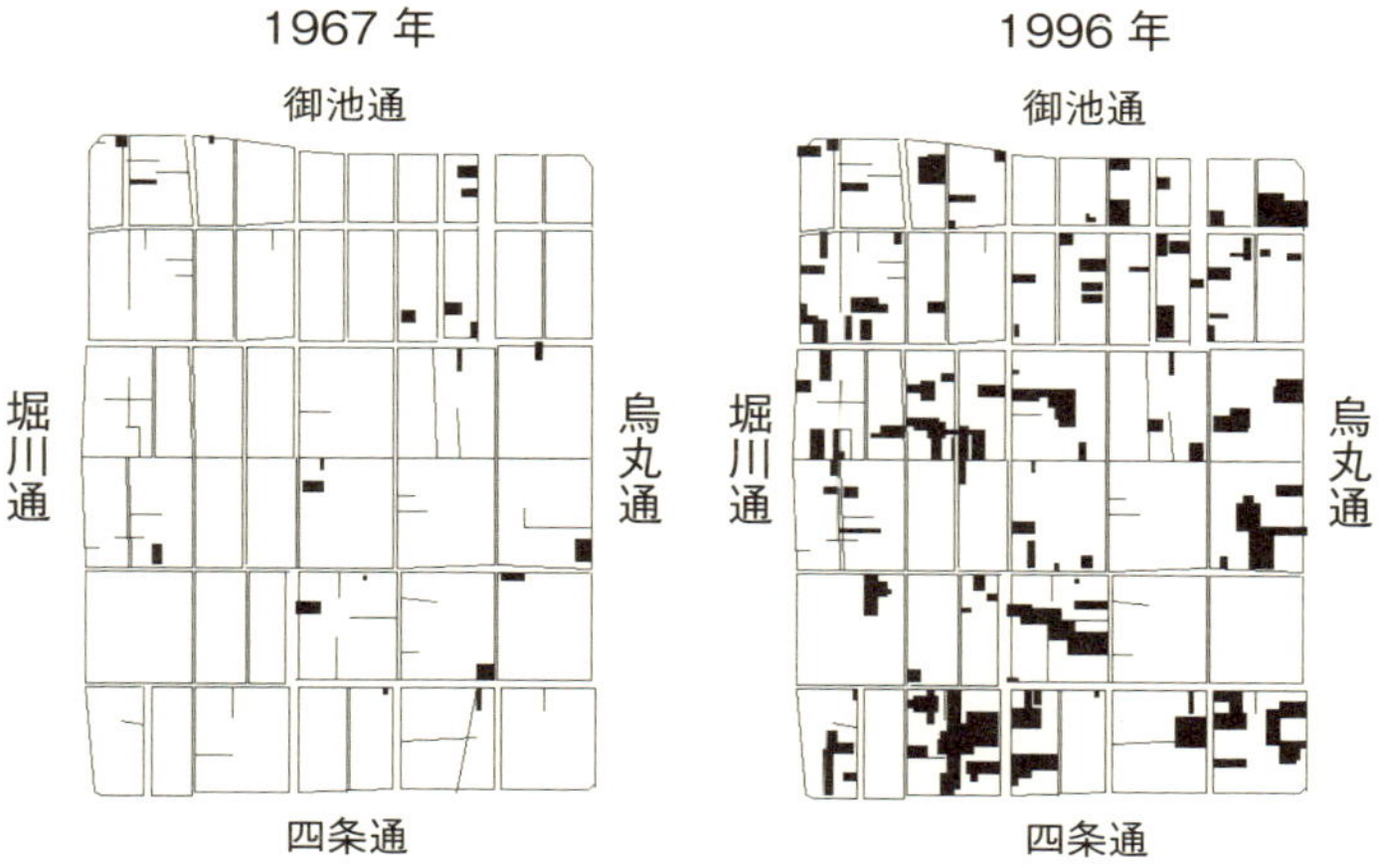

(出典) 土居靖範編著『まちづくりと交通──「京都の交通 今日と明日」パート2』つむぎ出版、1997年。

いっそう制約され、発達を妨げる要因になっていることは、多くの研究者によって指摘されてきた(8)。

　ほとんどの自動車利用者は、自動車の使用状況を走行距離あるいは燃料消費量で捉えている。時間的な稼働率を意識している人は少ないだろう。実際には、自動車の全ライフステージのうち動いているのは五〜六%で、その他の時間は単に止まっているだけである。

　自動車一台あたりの年間の走行距離は、人口密集地・郊外部・農山村など条件によって異なるが、全国で平均すると、年間一台あたり一万km前後である。一方、全国の乗用車の平均走行速度は時速約二〇kmと推定されている(9)ので、一台の自動車が年間で動いている時間は約五〇〇時間である。これを年間の時間数(八七六〇時間)で割ると、五・七%に相当する。首都圏などの人口密集地ではもっと少ない。つまり自動車は、ほとんど「停めておく」ためにお金を使っている乗り物なのである。大部分の人びとが屋外で行動しない夜間(一九時〜翌朝七時)を除いた時間帯で計算しても、時間的な稼働率は一〇％強にすぎない。

これは、もし高速道路が無料化されたら、現在は車庫に眠っている自動車が住宅街から路上に湧き出す可能性を示している。現状のＥＴＣ休日割引の段階でも、高速道路利用者数の増加率三六・〇％のうち、二四・五％が新規の誘発量であると推定されている。[10] 無料化になれば、さらに増加するであろう。

3　交通事故や犯罪が増加する

一般道から高速道路に交通が移行すれば交通事故が減少するという説明がある。高速道路には交差点がなく、歩行者・自転車との交錯がないから、一般道よりも自動車走行kmあたりの事故発生率が小さいという理由に基づく評価である。図４―３の左は自動車走行距離(一億km)あたりの交通事故発生件数、右は同じく死亡事故発生件数を比較したものである。たしかに、走行距離あたりの事故発生件数では、高速道路は一般道の約六分の一である。一方で、高速道路は衝突した場合の速度が一般道より高いためにダメージが大きく、走行距離あたりの死亡事故件数としてみるとその差が縮小し、約二・三分の一となる。

図4―3　高速道路と一般道の事故件数（発生確率）

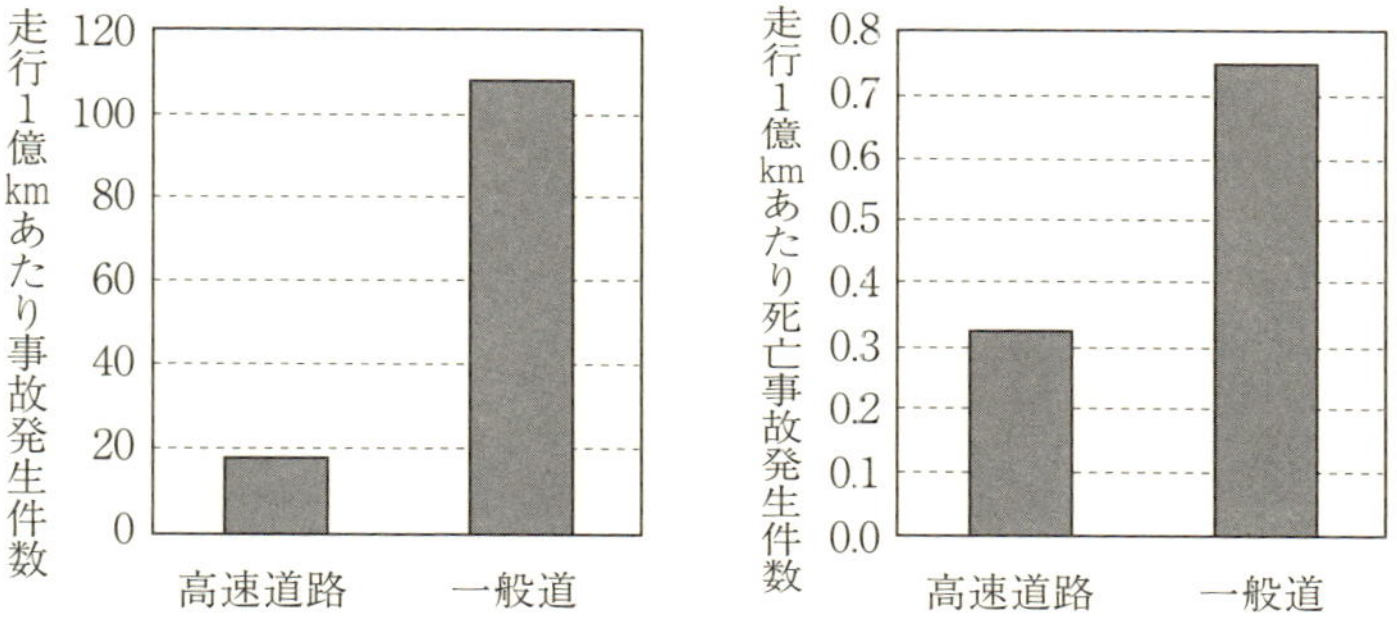

（出典）国土交通省「道路交通センサス」2005年版、国土交通省「自動車輸送統計年報」各年版、事故統計情報ウェブサイト http://itdb.kotsu-anzen.jp/index.html より計算。

ただし、この関係だけから「高速無料化で交通事故の防止になる」という結論を単純に導くことはできない。前述したように、高速道路のインター間の走行だけで用が足りる人はいない。無料か有料かにかかわらず、前後に必ずアクセスとして一般道を使わざるをえないからである。そうした現実の走行状況を含めて評価すると、どのようになるだろうか。

かつて「交通戦争」[11]と表現された時期から、さまざまな交通事故対策の効果によって走行kmあたりの事故発生件数は減少してきた。だが、一九九〇年代以降は目立った改善はなく、事故発生率はほぼ一定となり、近年はむしろ上昇傾向にある。

図4―4に、都道府県別に自動車走行距離と交通事故死者数の関係を示した。一見してわかるように、両者はほとんど比例の関係にある。物理や化学の実験ではない社会現象でありながら明確な比例関係があるというのは、むしろ不気味にさえ感じられる。地域によ

図4—4　都道府県別の自動車走行距離と交通事故死者数の関係

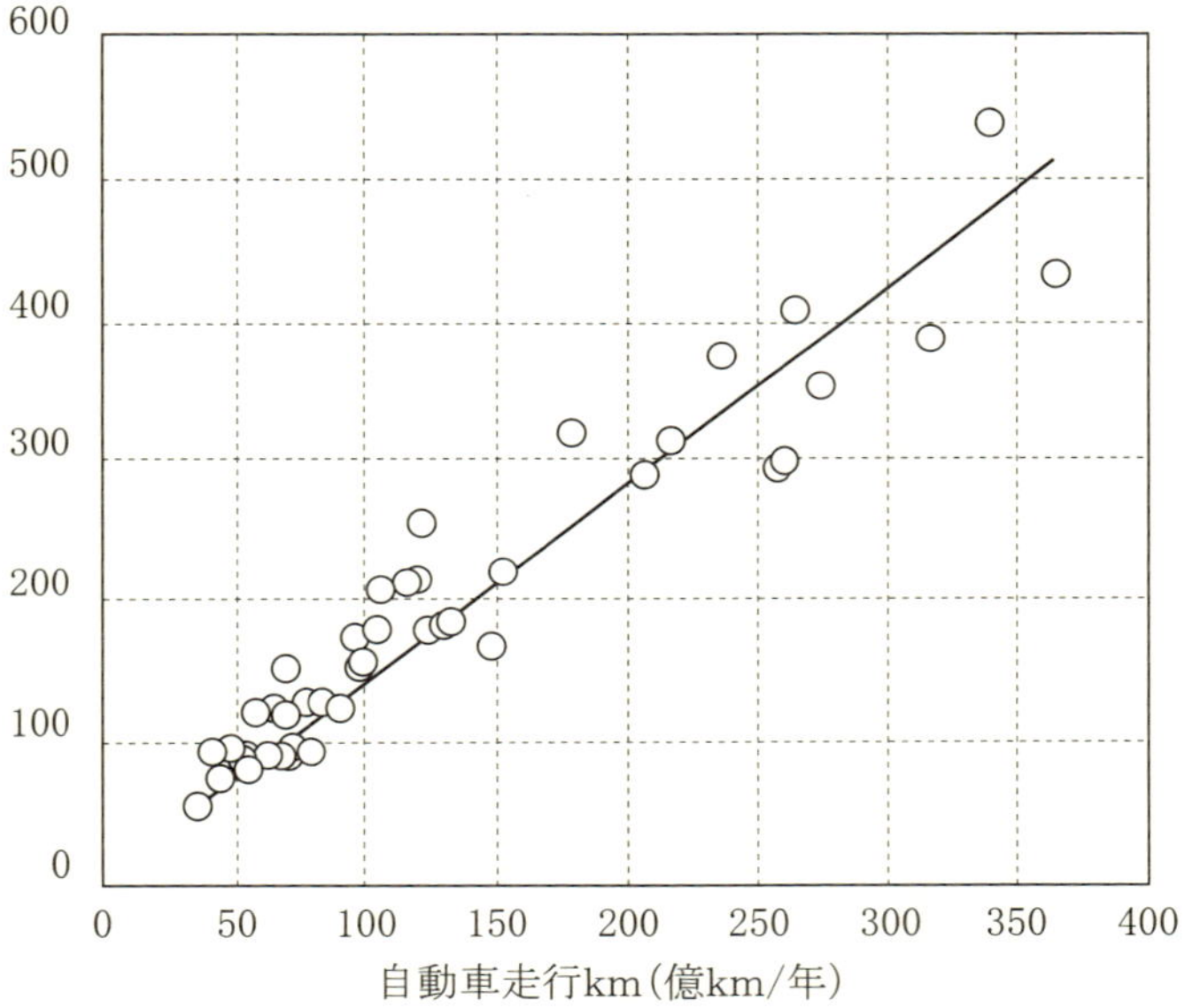

（出典）（財）交通事故総合分析センター『交通統計』各年版より筆者集計。

って特有の構造的要因があるわけではない。単に、自動車走行距離に比例して機械的に事故が起こり、人命が失われている。

自動車の総走行距離は高速道路が国内の約九％であり、残りの九一％は一般道である（五八ページ）。ここで、高速無料化によって高速道路の走行量が五割増し、すなわち約一五％になり、一般道の走行量が八五％になったとして試算してみよう。

このとき、図4—3に示した高速道路と一般道の交通事故発生率に基づいて比較すると、もし国内全体の走行量が一定という前提ならば、交通事故発生件数にして約四％、死亡事故発生件数にして約三％の減少となる。しかし、高速無料化と暫定税率廃止によって国内の自動車交通量そのものが数％以上増加すれば、逆に交通事故の増加を招く。

前述の運輸調査局の推定（九八ページ）によると、ＥＴＣ休日割引の段階でも、値下げによって新規に誘発された分と鉄道などから転換した分を併せて、高速道路利用者数が三六％増加したという。これらは、高速道路本線を走行するだけでなく、高速道路のインターまで、あるいは目的地までのアクセスのために、一般道も同時に走行するのであるから、交通事故の増加は不可避である。

高速道路の利用が容易になると、自動車利用の機会が多い住民には利便性の向上などメリットが考えられる一方で、生活面では負の側面も増加する。ＮＨＫの番組で、車上荒らしや自動車盗難が多発する地区として、愛知県春日井市高蔵寺地区が紹介された（「難問解決　ご近所の底力」二〇一〇年一月八日放送）。同地域の周辺に高速道路のインターチェンジが二カ所あり、犯人の侵入や逃走が容易であるという。窃盗事件にとどまらず、誘拐・殺人など重大犯罪の多くには自動車の使用が伴っている。三浦展氏は、道路の利便性が高まると「犯罪が配達される」と表現し、道路整備と犯罪の増加に関連があることを多くの事例をあげて指摘している。(12)

4　自動車依存と健康への影響

自動車の走行量増加は、直接的な交通事故の問題だけでなく、間接的にも人命・健康にマイナスの影響を及ぼす。図4—5は、自動車への依存度を表す指標として、都道府県別の「一人・一日あたり乗用車利用量(距離)」と人口一〇万人あたり原因別の死者数との関係を示したものである。その結果、糖尿病と脳血管系疾患の原因について、自動車への依存度との相関が統計的に有意であった。この図だけから、自動車の依存度との間に直接の関係があるとは断定できない。とはいえ、糖尿病や脳血管系疾患と肥満との間には一定の関連性があることが知られているから、何らかの因果関係の存在を示唆するデータであると言えよう。

米国の研究者は、図4—6のように、都市がスプロール化した地域(都市内から郊外に移転し、分散して居住する状態)に住む人びとは、移動を自動車に依存するライフスタイルのために、運動不足との関連が指摘される疾患が多く、かつ大気汚染に曝される機会の増加から呼吸器系疾患も多いというモデルを仮定し、統計的な検証を行なった。二九の都市で九二〇〇人以上を調査し、年齢・性別・人種・収入・喫煙年数その他の影響因子を補正して整理した結果、スプロール化した地域に居住する人びとは、街路のネットワークが発達した地域(歩行の機会が多い)に比べて、高血圧、糖尿病、呼吸器系疾患などが多いことが確認されたという。

図４—５　都道府県別の自動車依存度と原因別死者数の関係

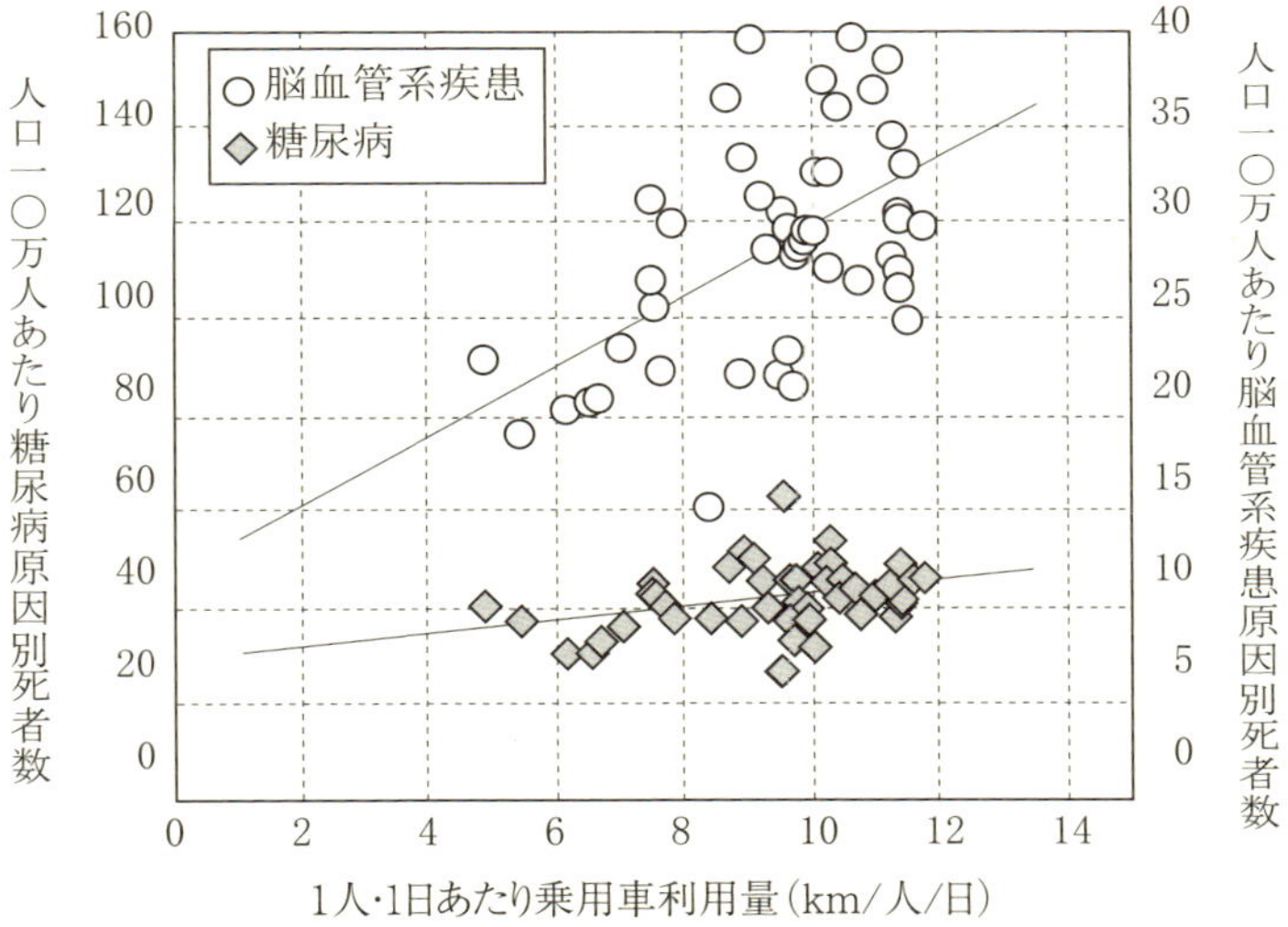

（出典）都道府県別乗用車走行距離は（財）交通事故総合分析センター『交通統計』より、原因別死者数は厚生労働省『人口動態調査』各年版より、筆者集計。

図４—６　スプロール化と健康

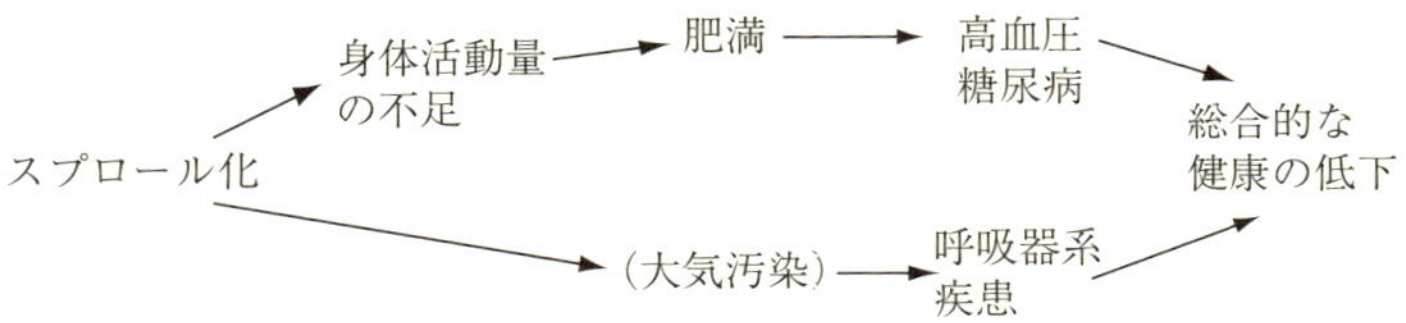

（出典）Alexia C. Kelly-Schwartz, Jean Stockard, Scott Doyle and Marc Schlossberg, Is Sprawl Unhealthy? *"Journal of planning Education and Research"*, Vol.24, No.2, P.184, 2004.

図4—7　都道府県別の自動車依存度と肥満傾向児の出現率（10歳）

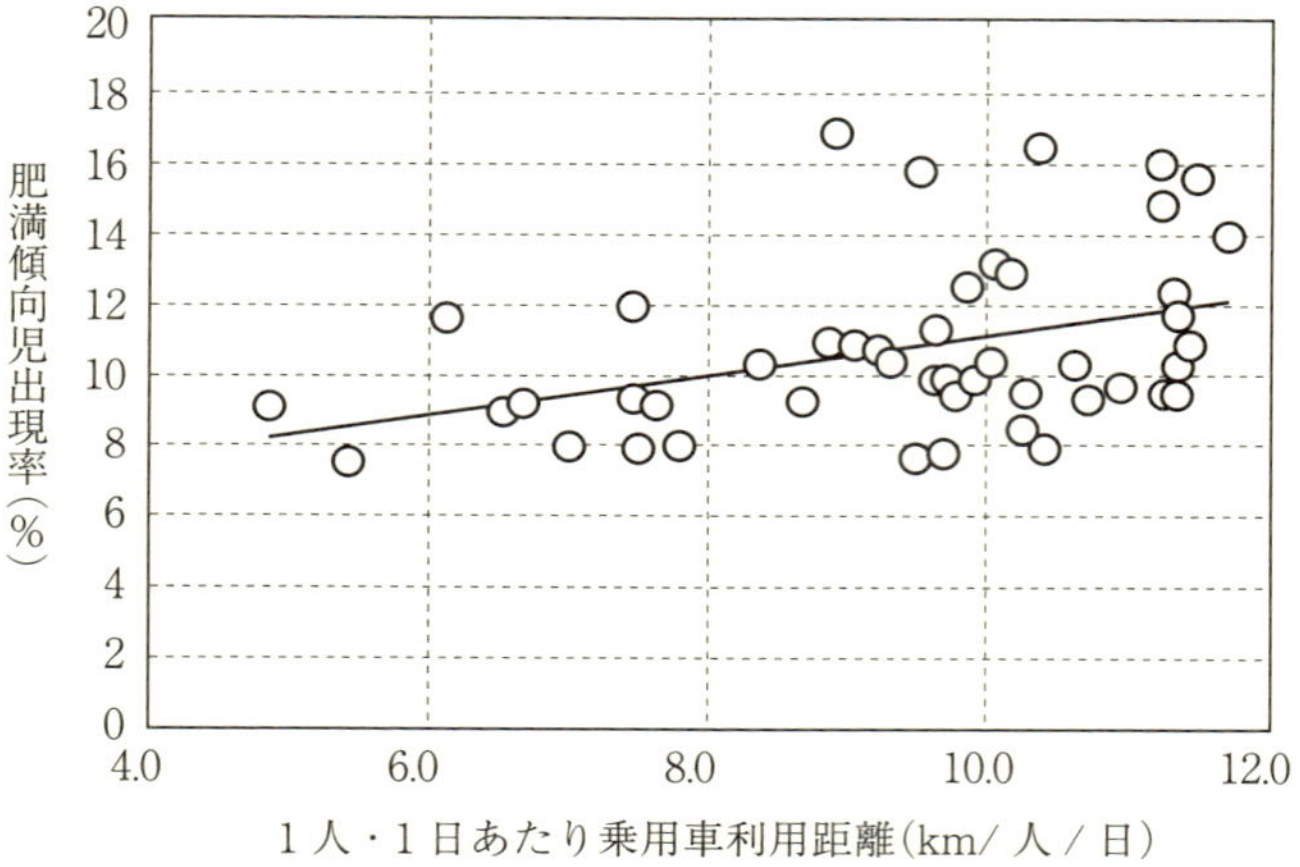

（出典）都道府県別乗用車利用距離は（財）交通事故総合分析センター『交通統計』各年版より、肥満傾向児出現率は文部科学省『学校保健統計』各年版より、筆者集計。

日本でも同様なデータがある。図4—7のとおり、「一人・一日あたり乗用車利用距離」に対して、都道府県別に子どもの肥満（一〇歳の肥満傾向児出現率）をとったところ、統計的に有意な相関があることが示された。子どもは自分自身では運転しないが、地域全体が自動車に依存した交通体系である場合は、必然的に「乗せられて」移動する機会が多くなる。これも健康への影響の一つである。

5　子どもの自動車依存の増大

山崎氏の著書では、大都市から周辺地域への移住、地方でも中核都市から田園地帯、ビーチ、森、湖に近いところへの移住が増えるとされている。

これは一見健康的であり、子育てにも望ましいように思えるが、現実には人びとの負担を増やす。自動車は一八歳まで、二輪車・原動機付き自転車を含めても一六歳までは、自分で運転できない。子どもの通学・課外活動などをどうするのだろうか。湯川利和氏は、日本のモータリゼーション進展期、言い換えれば都市の郊外化の進展期であった一九七〇年代に、日本より先行してそれが進みつつあった米国の生活交通の実態について、次のように記述している[13]。

「しかし、それ［注・郊外住宅地における生活］には欠点がある。ひとりのお抱え運転手(chauffeur)と二台の自動車をもてる余裕のあるものには比較的快適である。しかしM夫人の例を考えてみよう。彼女は駅から三マイル離れたところに住んでおり、私たちの多くと同様にM家にはお抱え運転手はいない。彼女は運転して夫を朝の列車に送る。また夜に彼を迎えに行く、子どもを学校に送って行く、迎えに行く、女中《ママ》を駅に送りに行く、数マイル離れた友人に会いに行く。彼女は私に一日にこの三マイルの道を六往復したことがあると語ったことがある。もし職業を聞かれたら、彼女は主婦と答えるべきかタクシー運転手と答えるべきか迷うのではないだろうか。そして、このような犠牲をはらってすら、彼女は生活安定感(sense of security)をいささかも感じてない。というのは、彼女は、そのまわりにどのような種類のコミュニティが成長しようとしているかを知らないからである」

湯川氏の指摘から四〇年近くが経過し、日本の地方都市、とりわけ郊外部では、一世帯に複数台、さらには一人（免許保有者）に一台に近い普及率で、自動車が保有されるようになった。自動車による子どもの送迎など、モータリゼーション以前にはありえなかった前述の米国と同様な交通行動が出現しているといってもよい。

近年、子どもの歩行中の交通事故の件数は減少したが、これは道路交通のリスクそのものが減少したのではなく、道を歩く子どもの数が減少して自動車と遭遇する機会が減少したことによるものと考えられる。(14) 一方で、自動車乗車中の事故による子どもの被害者数は増加している。これは、子どもが自動車に「乗せられて」移動する機会が増加しているからである。

子どもの「乗せられ移動」の実態は、どのようになっているのであろうか。子どもの移動状況の経時的な変化の例として、「福井都市圏パーソントリップ調査」(一〇六ページ注(10))で定点観測的なデータが報告されている。一九八九年と二〇〇五年について、年齢階層別に、同じ地域(パーソントリップ調査の中ゾーン)を利用して検討しよう。この調査は、対象地域の五歳以上の都市圏内居住者から無作為に抽出し、両年の平日の交通行動を調査したものである。

図4―8に、このパーソントリップ調査から、福井市の郊外部において、年齢階層ごとの一人・一日あたり通学(登校)トリップについて、一九八九年と二〇〇五年の手段別分担率の変化を示した。この調査は平日なので、小学生から高校生までは、学校に通っていれば登校で一・〇回弱のトリップが発生する。各年齢層とも一人・一日あたりのトリップの総数がさほど変化していないのは、通学という性格から当然であろう。一五～一九歳で通学のトリップ数が一・〇回を下回っているのは、一八歳以上で高校を卒業した青少年は「通学」にカウントされないためであろう。

図4—8　福井市郊外部における「通学(登校)」手段の割合

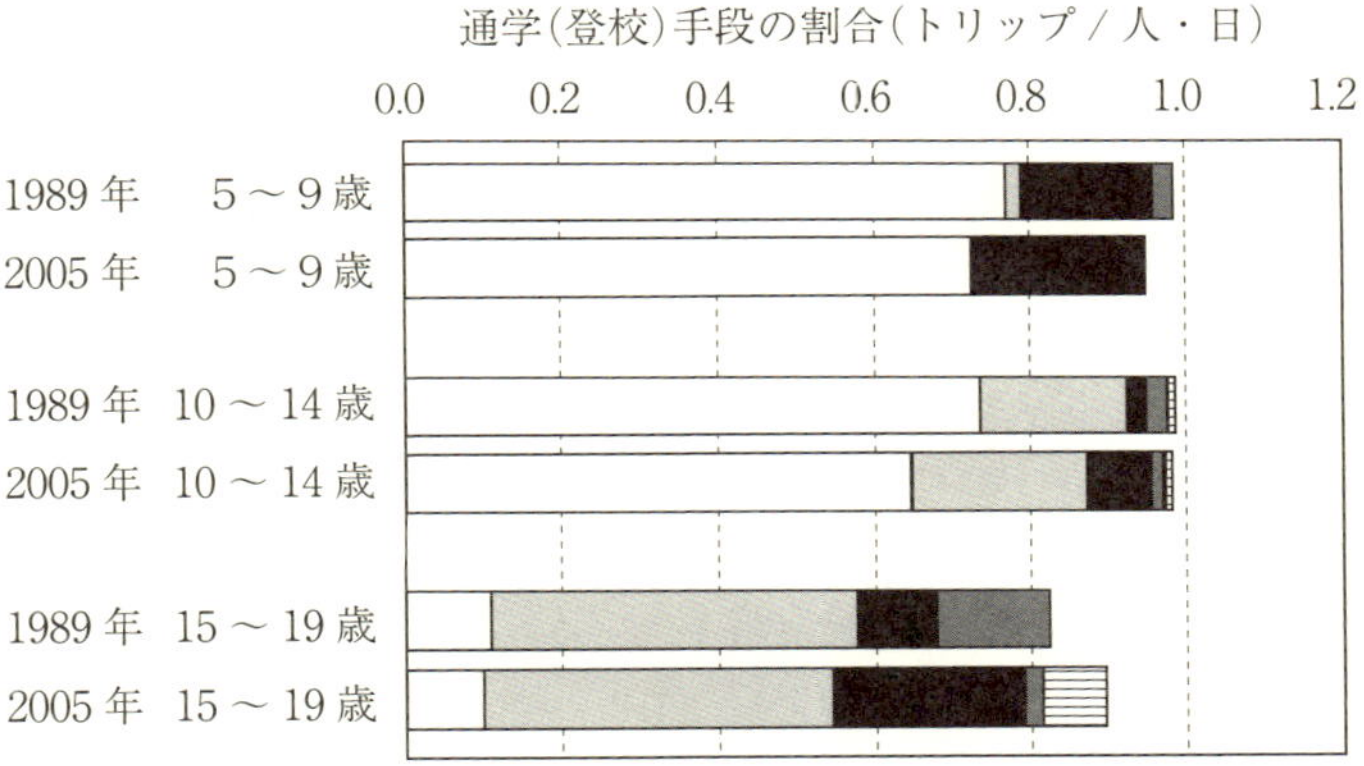

(注)□徒歩、▨二輪車、■自動車、■路線バス、目鉄道。

(出典)第3回福井都市圏パーソントリップ調査(2005年10月)より筆者集計。

一方、手段の割合をみると、五～九歳では、一九八九年の時点から、二割程度(一人についてみれば五日に一日程度)が自動車で学校へ送ってもらっていることがわかる。当然、運転するおとなも自動車で移動している。また、このデータは子ども側の移動だけを集計しているが、子どもを自動車で学校まで送れば、その帰路に同じだけ「回送」が生じる。「通学」にかかわるおとなのトリップ回数は、子どものおおむね二倍と考えられる。

一〇～一四歳になると二輪車(自転車)の比率が増加する。通学目的の自動車による送迎は少ない。一五～一九歳では自転車または二輪車(動力つき)の比率がさらに増加して、徒歩による通学はわずかとなるとともに、大都市ほどではないにしても鉄道の利用がみられる。さらに、この年齢区分の特徴的な変化として、一九八九年と二〇〇五年を比較すると、自動車による送迎の増加率が大きく、約二・六倍となっている。同世代の子どもとの交流の機会が制約され、家と学校、塾などの間を往復するだけという生活は、子どもにとって望ましいものではないだろう。高速無料化によって、こうした状況が拡大する可能性が大きい。

6　暮らしやすくなるのか

物価は下がるのか

表4―1　購入者価格に占める運賃の比率

品　　目	比率(%)
食料品	3.0
衣服・その他の繊維既製品	2.6
プラスチック製品	3.3
民生用電気機器	0.6
一般の消費財平均	2.8

(出典)「2005年産業連関表」。
http://www.e-stat.go.jp/SGI/estat/List.do?bid=000001019588&cycode=0#

高速無料化で物流コストが減少するから物価も下がり、高速道路利用者以外にもメリットが発生するという指摘がある。また、その低下分が家計の実質所得の向上になり、消費を促進したり、さらに税収効果があるとも言われている。たしかに、こうした効果はゼロではない。だが、消費者が高速無料化の効果を実感するほどの効果かどうか、経済モデルを使って検討してみよう。ただし、乗用車がいかに高速道路を走りまわったところで物流コストの低下には結びつかず、むしろトラックの円滑な走行を妨げてコストの増加要因となるが、その影響はとりあえず含めずに計算する。

まず、簡略的な目安で考えてみよう。一般の消費者が購入する価格は、①生産者価格＋②流通コスト（貨物運賃）＋③商業マージンという三つの要素から構成される。①〜③の比率は、対象となる商品の種類によって異なる。二〇〇五年産業連関表のデータから、いくつかの代表的な商品について、消費者の購入価格のうち運賃がどのくらいを占めているかを表4−1に示す。日常生活でもっとも多く消費する食料品をはじめ、一般の消費財の平均で三％前後がトラック運賃分である。

図4—9　トラック事業の費用構成

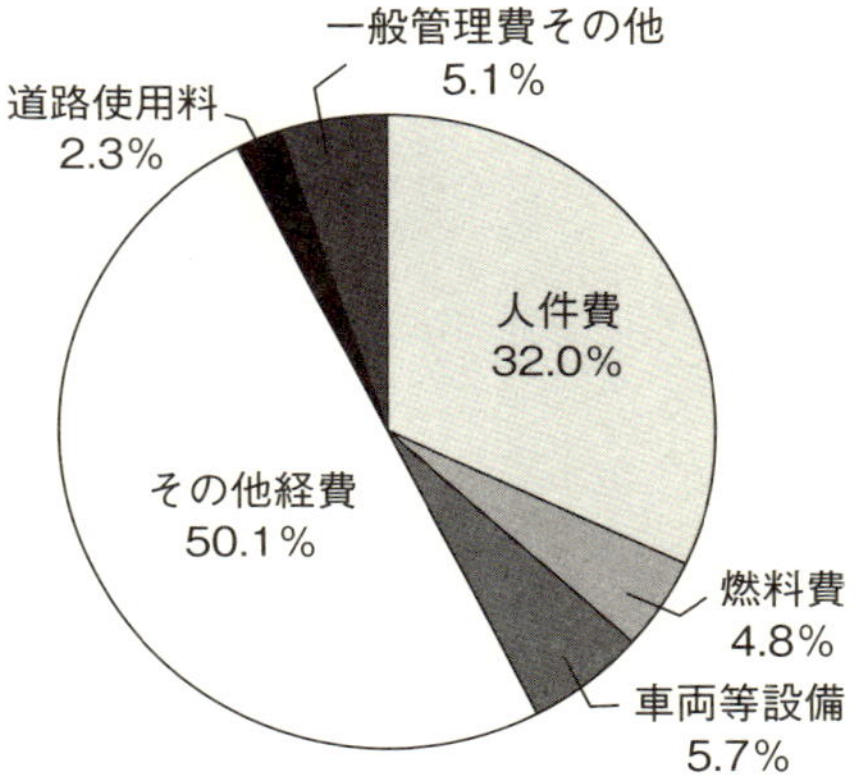

（出典）国土交通省自動車交通局監修『数字でみる自動車 2009』日本自動車会議所、2009年、78ページ。

次に、物流事業者（ここではトラック事業者）からみた場合、全体の経費のうち高速料金がどのくらいの割合を占めているかを検討する。すなわち、トラック側からみた場合の費用構成である。トラック事業の費用は、人件費・車両関係費・燃料費・有料道路費や駐車場費、トラックの場合は物流ターミナル使用料などから構成される。

図4—9に示すように、高速料金の比率（道路使用料）は二・三％である。つまりごく概略でいえば、消費者購入価格の約三％を占めるトラック運賃の

うち、高速道路費用分の約二%が無料化によって低減されるから、②の貨物運賃については、約〇・〇六%が高速無料化の効果になる。

さらに、経済や生産のシステム全体から詳細に検討しよう。高速無料化は生産者価格にも影響を及ぼす。生鮮食料品でも、農産物・魚介類がじかに地元スーパーの店頭に並ぶケースは少なく、何らかの加工を施し、長距離を輸送されるケースもある。加工食品になると、店頭に並ぶまでに持ち回る箇所がより多いので、輸送関連費用の関与は大きくなる。そして、衣類や耐久消費財など、複数の材料や部品を取り寄せて生産する商品になるにつれて、輸送の関与はさらに大きくなるから、高速無料化の影響も大きくなる。また、前述のトラック事業の費用は、貨物の輸送を有償事業として他人から受託して運ぶ道路運送事業(営業トラック)であるが、個人や企業が自分自身の貨物を輸送する自家用輸送(自家用トラック)もある。

このように、生産者側からみた価格(前述①の生産者価格)も、それぞれの生産過程にしたがって高速無料化の影響を受ける。こうした影響を個別に追って計算するには膨大な手間がかかるので、ここでも産業連関表を利用する。たとえば、物流部門において高速料金が不要になった分を生産性が向上したとみなして、それが全産業に波及することによる物価への影響を推計する方法がある。その具体的な方法は文献(15)を参照していただきたい。

こうした経済モデルで総合的な物価への影響を推計すると、総合的な価格低下率は、日常の買い物の対象であり、毎月の消費額が大きい食料品で〇・二%、衣料品で〇・三%、耐久消費財(家電製品)で〇・四%である(ただし、耐久消費財は毎月のように購入する商品ではなく、一カ月あたりの消費額は少ない)。このほかに、条件の設定が異なるモデルや国土交通省が提供するプログラムを用いて検討したモデルもあるが、いずれも似たような結果が得られた。(16)(17)

一方で家計調査年報から全国の平均世帯の食料品支出額をみると、一カ月あたり約六万七〇〇〇円である。その〇・二%とすると、約一三〇円になる。その他の日常的な消費額の低減を合計しても、一カ月あたり二〇〇円程度だ。

しかも、首都高速道や阪神高速道は無料化の対象ではないし、乗用車の流入によってトラックの走行が妨げられるために円滑な走行が期待どおり実現しない。したがって、この二〇〇円はあくまで最大で期待される数字であり、実際はその半分から数分の一とみるのが妥当であろう。第3章5で示したように、高速無料化の影響で路線バスが廃止されて、自動車を利用できない交通弱者が月に一回でもタクシーを使わざるをえなくなったら、ただちに消し飛んでしまう程度のメリットにすぎない。

低所得層にはメリットが乏しい

自動車を保有しない、あるいは保有していても高速道路を利用する機会の少ない世帯にとっては、高速無料化の経済効果といってもこの程度であり、実感するほどの効果はない。その一方で、民主党の「大綱」を実施すれば、国民全体に税負担が発生する。無料化後に高速道路の建設がどのように推移するかはまだ不明だが、仮に新規の高速道路の建設をまったく停止したとしても、既存の高速道路の維持・補修の費用は不可欠である。また、無料化したからといって、過去の高速道路建設にかかわる累積債務が消滅するわけではない。

「大綱」では累積債務を国が継承して国債への借り換えで償還する方法が提案され、年間一兆二六〇〇億円の財政負担（利子の支払いなど）が必要としている。これを一般財源から支出するとすれば、租税中に占める所得税の比率などから計算すると、世帯あたり税負担は平均月額一〇〇〇円程度に相当する。実際は所得によって負担率が異なるが、おおまかにみれば、高速道路を利用しない世帯にとっては、月額最大二〇〇〇円程度の物価低減のメリットを得るために、一カ月あたり一〇〇〇円を負担する結果になる。わざわざこのような政策を実施する必要があるのだろうか。

図4—10　年収クラス別のバス・自動車関連サービスの毎月の支出額

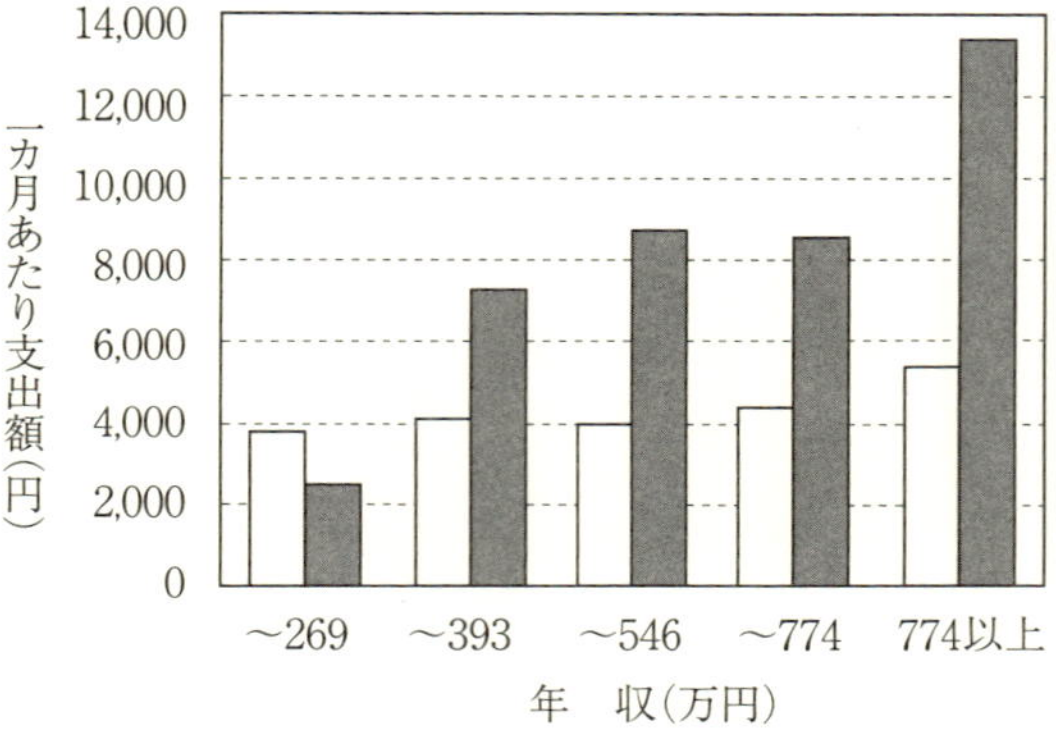

（注）□バス代、■他の自動車関連サービス。
（出典）総務省統計局『家計調査年報』。

図4—10は、年収クラス別のバス代と「他の自動車関連サービス」の毎月の支出額の比較である。後者は、車両関係費・ガソリン代・保険・駐車場

代などを除いた分で、高速料金などが該当する。年収クラスによってバス代の支出の差は少ないが、「他の自動車関連サービス」の支出の差は大きい。つまり、高速無料化を実施したとしても、年収の多い世帯ほどメリットが厚い一方で、年収が少ない世帯はむしろマイナスの影響を蒙るのである。

結局のところ高速無料化は、高速道路の利用量が多い自動車ユーザーには直接的に大きなメリットとして実感できるとしても、その裏面で別の人に負担を押しつける結果を招く。仮に高速道路の料金体系を変更するにしても、一律に無料化するのでなく、貨物車や路線バスを無料にする一方で乗用車を値上げして収入中立を保つとか、大型車と乗用車の走行レーンを分けるなどさまざまな施策メニューを想定して、多様なシミュレーションを実施すべきであろう。

このような目的に対して、第2章で指摘したように、現在国土交通省で実務に使用されているシミュレーションの手法はまったく対応できない。計画・評価技術面の改善も含めて、新政権の交通政策の課題である。

貧困な公共サービスこそが問題

二〇〇八年六月一三日のNHKテレビ番組『地域発！どうする日本』は、「止まらない少子化〜地域を支えるには〜」というタイトルで、地方での出産・育児をサポートする環境が劣化している問題を取り上げた。紹介されたのは次のような事例である。

①福島県の農村部で、自宅近くにあった保育所が統廃合され、送迎に片道三〇分以上が必要となった。夫は長距離トラックの運転手で常時不在、妻は生活のため地域に進出した企業でパート勤務をしている。ところが、合計で毎日二時間以上の送迎が必要となり、パートを辞めざるをえなくなった。進出企業に同じ事情の女性が多く勤めており、退職者が続けば操業不能の企業も出る可能性があり、ますます地元経済が沈下すると懸念されている。

②北海道のある市で、出産を控えた女性が予定日より前に破水・陣痛が始まったが、地域に分娩のできる施設がない。そのため、夫の運転する自動車に一時間半も乗らなければならなかった。

番組では、出産・育児のための社会環境が整っていない現実と、それに対するいくつかの自治体の取り組みが紹介された。これはたしかに重要な情報である。だが、本質的には、公的サービスの貧困をモータリゼーションでごまかしてきた日本の社会が、いよいよ破綻に直面しつつあると考えるべきだろう。

高速無料化による問題を調べている際に、一九七六年という古い資料であるが、興味深い報告書を発見した。公明党が編集した「福祉社会トータルプラン」である(18)。当時は「無医村」という言葉があった(行政用語としては無医地区)。その定義は「医療機関のない地域で、当該地区の中心的な場所を起点として、おおむね半径四kmの区域内に五〇人以上が居住している地区であって、かつ容易に医療機関を利用することができない地区」である。

報告書によれば、統計上では、一九六六年に全国で二九五六あった無医地区が、七年後の七三年には二〇四四に減少したという。しかし、それはモータリゼーションの進展によって、遠方の医療機関の利用可能性が生じたために見かけ上減少したのであって、本質的には無医地区の解消には向かっていないと指摘している。

前述したように、「地域で出産できない」状況が広がるとともに、農村部で一人暮らしの高齢者が増え、医療機関を利用する必要性は増加している。にもかかわらず、公共交通は次々と減便・廃止され、「最後の公共交通」とされるタクシーの事業継続さえ困難になった地域もある。医療機関や福祉施設、より広くいえば暮らしのセーフティネットが足りないという本質を改善せずに、自動車の利用でごまかしてきた代替策が、もはや通用しなくなったのである。いま以上の道路整備がこの問題を解決しないのと同様に、高速無料化も解決策ではない。それどころか、公共交通機関の経営の圧迫とによって、ますます問題を深刻化させる。

高速道路の必要性を主張する根拠の一つとして「医療施設へのアクセスをよくする」という理由がよくあげられる(19)。だが、これから整備される高速道路は交通量の少ない地域であり、もともと渋滞がほとんどみられない。高速道路を使って短縮できる時間はインター間だけであり、自宅から目的地までのトータル時間が大きく短縮できるわけではない。道路が足りないのではなく、医療施設が足りないのである。もし出産に異常があり、遠方の医療施設に入院すれば、家族が通うのに大変な困難が生じる。

前述の「歩いて暮らせるまちづくりに関する世論調査」をみると、現状では適切な条件が整っていない面があるにしても、「歩いて暮らせるまちづくり」を支持する人が圧倒的に多い。「徒歩や自転車で行ける範囲に必要な施設・機能」の上位三位は「病院・福祉施設」「食料品などを販売するスーパー」「銀行・郵便局」である。これからみても、高速道路を使いやすくして、自動車で走りまわる生活が望ましいと考える人が社会全体として多いのかどうかは、きわめて疑問である。

介護対策は福祉予算の増大で

筆者のもとには、高速無料化を支持する意見も直接寄せられている。その代表的な一つは、「遠距離介護で毎週のように都会と郷里を移動しているので、高速道路料金が不要になればありがたい」という意見だ。すなわち、高速無料化は弱者への支援策であるから、それに反対するのはおかしいという指摘である。居住地や状況にもよるが、公共交通で移動しても、行先でさらに介護タクシーを依頼するなどの費用がかさむから、自家用車を選択せざるをえないという人もいるであろう。

しかし、これはあくまで当事者にとっての緊急避難的な対応であって、本来は政策的に対処すべき問題である。遠距離介護の事情が証明された場合に、新幹線や高速バスなどの公共交通、そして介護タクシーのような地域の移動サービスが、無料あるいはそれに近い廉価な費用で利用できる助成制度があれば、多くの人びとは積極的に公共交通を選択するだろう。

遠距離介護であれば、精神的・心理的にストレスをかかえた状態にならざるをえない。新幹線や高速バスならば、疲れたら寝ていてもよい。高速道路を自分で運転すれば、交通事故のリスクが避けられない。いかに本人は注意しているつもりでも、ストレスをかかえた状態で長距離を運転するのはきわめて危険である。遠距離介護が必要な状況のもとで、自分が交通事故の被害者や加害者になってしまったら、いっそう困難な状況に陥る。しかも、交通事故をめぐっては、原因にかかわらず加害者に対する厳罰化を求める風潮が蔓延している状況も、考えておく必要がある。

すでに航空機では、介護帰省割引（日本航空の例[20]）の例がある。だが、この割引を、民営会社である航空会社が営業施策の一環として行なっていること自体が正当ではない。本来は福祉予算として考えるべきものである。こうした介護帰省割引の新幹線や高速バスへの適用こそ、新政権が実施すべき施策ではないか。もし遠距離介護を誘因として重大な交通事故が発生し、自分はもとより、第三者を死亡させたり、永久障害の残るような負傷者を発生させたら——高速道路では、ひとたび事故が起きれば重大な結果になりやすい——社会的に重大な損失である。それは、高速道路無料化に伴う社会的便益どころの額ではない。

「高速道路料金が不要になれば遠距離介護の支援になる」という発想は、「失業者が多ければ、公費で派遣村を設置すればよい」という発想と同じである。短期的には緊急避難対策としてやむをえないという解釈が見出せるだけであって、それを前提とした政策はまったく意味がない。

のである。

経済効果はあるのか

「高速無料化の経済効果 国交省一転、試算認める」との記事が掲載された(『朝日新聞』二〇〇九年九月六日)。第2章で紹介した国土技術政策総合研究所の報告に基づくもので、以前から高速料金値下げのシミュレーション(三割引き、五割引きのほか、一〇割引き＝無料)を実施していたというのである。

無料化ケースでは、高速道路は渋滞増加などで二・一兆円のマイナスになる一方で、一般道は四・八兆円のプラスとなり、差し引き二・七兆円の経済効果があるとしている(六〇ページ参照)。また、利用者の料金負担の軽減分などを加味すると七・八兆円の経済効果があるという。この数字は、①走行時間の短縮、②走行経費の減少、③交通事故の減少をそれぞれ金額に換算して合計したものである。このうち、走行時間の短縮便益が八一％を占める。

しかし、この数字自体が、第2章で検討したように過大推計の可能性があり、実際は数分の一の可能性が高い。しかも、こうした金額を「経済効果」と呼ぶのは正しくない。二・七兆円という金額はあくまで概念上の数字にすぎず、その金額に応じて新たなビジネスができるとか、雇用が発生するという効果はないからである。利用者からみても、一〇分とか一五分といった細切れの走行時間の間に仕事をするということはほぼ不可能だから、個人の財布のお金は増えない。当然ながら、ＧＤＰにも計上されない。

そもそも国土交通省の資料では、「消費者余剰アプローチに基づく利用者便益額」と述べられているのみで、「経済効果」という解釈はされていない。それを「経済効果」と不注意に、あるいは意図的に読み替えて、あたかも国民に利益が帰属するかのように提示することは誤りである。「経済効果」の実体はない。その一例をあげよう。

秋田県の由利本荘市内の国道七号と並行して、二〇〇七年に高速道路（日本海沿岸東北自動車道）が開通した。国と自治体が費用を負担する「新直轄方式」で建設されたため、岩城《いわき》ＩＣから本荘ＩＣまでの二一・六㎞の通行料は無料で、実質的に高速無料化に相当する。この影響で、国道沿いのドライブインの来客が激減し、営業困難に陥っているという。

また、すでに実施されたＥＴＣ休日割引では、たしかに観光地では他都府県ナンバーの来訪者が増えて一見賑わっているように思える。しかし、そのぶん来訪者の地元での消費が減っているのであれば、社会全体として経済効果があるのかどうかは疑わしい。むしろ、地域振興という観点からは逆効果といわざるをえない状況も出現しているであろう。

高速無料化にともなって「需要創出」や「派生効果」が存在するという場合、こうした問題をどのように集計しているのかによく注意しなければ、不適切な評価となる。前述の例でいえば、たとえば国道沿いのドライブインで減収になった一〇〇万円が、高速道路のパーキングエリアで一〇〇万円の増収に移転したとして、パーキングエリア側のみを「経済効果」であると評価したのでは、適切とはいえない。

高速無料化は物流業者の利益になるのか

物流事業者からは、高速無料化や暫定税率廃止を歓迎する見解も聞かれるが、これについてはむしろ負の側面を考慮すべきである。物流事業者にとって、高速無料化や燃料価格の引き下げは、一時的に費用の削減になるように見えても、いずれはさらなる運賃引き下げと納期短縮の圧力に転嫁するから、とりわけ中小事業者の経営が改善されるとは思われない。

高速無料化批判に対して、物流事業者から「零細な物流事業者にとっては助かるのに、なぜ反対するのか」という指摘もあった。だが、これも合理的ではない。なぜなら、高速無料化論者は、物流コストの低減によって物価が下がると主張しているからである。消費者物価は基本的に、生産者価格＋流通コスト＋商業マージンで決まる。このうち流通コストが下がるから物価が下がるというのであれば、物流事業者の手元にはメリットが残らない。しかも、高速道路が混雑して貨物車も巻き込まれれば、むしろ負の側面が大きくなる可能性がある。

物流事業者は旧政権の規制緩和政策で疲弊している。研究者の報告によると、これまでの規制緩和政策の結果、物流事業者の生産性向上はわずかである一方、運賃低下分が事業者の利潤低下と労働者の所得低下に移転し、社会的余剰の増加はほとんどなかったという。[21] 物流事業者の適正な利潤確保の対策なしに、高速無料化や暫定税率廃止を実施すれば、彼らをさらに困難な状況に陥れる可能性が高い。

いずれにせよ、高速道路は物流のための設備と考えるべきである。人の移動には、公共交通などの代替手段が考えられるが、トラックの代替は困難である。無料化によって、能力に余裕のある高速道路を活用しようとしても、乗用車が混入してくると所期の効果が薄れてしまう。逆に、いま容量が足りなくて混雑している高速道路でも、乗用車の通行を制限すればトラックの通行がスムースになり、それだけでエネルギー消費や排気ガスの低減、交通事故の減少に大きな効果がある。高速道路は、貨物車専用(優先)化を検討すべきではないか。

(1)山崎養世『道路問題を解く――ガソリン税、道路財源、高速道路の答え』ダイヤモンド社、二〇〇八年、一八六ページ。
(2)山崎養世『日本列島快走論――高速道路を無料にして日本再生へ』NHK出版、二〇〇三年、一一五ページ。
(3)http://www8.cao.go.jp/survey/h21/h21-aruite/index.html
(4)角本良平『自滅への道――道路公団民営化Ⅱ』流通経済大学出版会、二〇〇四年、一六一ページ。
(5)総務省は、人口密度が一㎢あたり四〇〇〇人以上の区域が隣接し、それらの区域の人口の合計が五〇〇〇人以上であるような区域のかたまりを、人口密集地域(略称DID)と定義している。
(6)首都圏(一都三県)と大阪府、およびもともとDIDのない市町村を除く。
(7)横浜市の報道発表資料から計算。
(8)仙田満・上岡直見編著『子どもが道草のできるまちづくり――通学路の交通問題を考える』学芸出版社、二〇〇九年。
(9)川島智彦・古池弘隆・森本章倫「都市特性からみた輸送エネルギーの原単位の推計に関する研究」『第一七回交通工学研究発表会論文報告集』一九九七年一一月、一四九ページ。

(10) 運輸調査局「高速道路料金引き下げに関する研究会報告概要」二〇〇九年一〇月。
(11) 一九五〇~六〇年代に、交通事故死者数が日清戦争を上回るペースで増加したことから、戦争にたとえられた。その後いったん減少に向かったが、八〇年代から自動車交通量の急増でふたたび増加に転じ、第二次交通戦争と呼ばれることもある。
(12) 三浦展監修『検証・地方がヘンだ!―地方がファスト風土化し、液状化している!』洋泉社、二〇〇五年、三四ページ、四〇ページ。
(13) 湯川利和著、日比野正己編『湯川利和交通・都市著作集――環境共生・脱マイカー・交通権保障の交通&都市 構想と提案』HM研究所、二〇〇〇年、六五ページ(原文献は湯川利和「都市構造の自動車化に関する研究」京都大学学位論文、一九七三年)。
(14) 前掲(8)、二二ページ。
(15) 中村慎一郎『Excelで学ぶ産業連関分析』エコノミスト社、二〇〇八年。
(16) 太田和博・加藤一誠・小島克巳『交通の産業連関分析』日本評論社、二〇〇六年。
(17) 国土交通省総合政策局「簡易産業連関分析モデル」。http://www.mlit.go.jp/k-toukei/renkanhyo/tool.html
(18) 公明党『生きがいとバイタリティーのある福祉社会トータルプラン―公明党の国民福祉長期計画―』公明党機関誌局、一九七六年。
(19) 盛田雅彦「高速道路と地域医療について―社員の救急搬送に付き添い、体感したこと―」『高速道路と自動車』五〇巻一一号、二〇〇七年、五〇ページ。
(20) 日本航空ホームページ。http://www.jal.co.jp/dom/rates/rule/r_kaigo.html
(21) 水谷淳「規制緩和による所得分配への影響―道路貨物輸送産業を対象に―」『日交研シリーズA―四四一』二〇〇八年。

第5章
温暖化の防止に逆行する

1 高速無料化でCO_2排出量は増えるのか減るのか

高速無料化の議論に際しては、CO_2の排出量が「増える」「減る」という双方の見解が示されている。当初、国土交通省は国土技術政策総合研究所の報告などをもとに「渋滞緩和効果があり、CO_2は減る」という見解を示した(『朝日新聞』二〇〇九年九月六日ほか各社報道)が、後になって増えるとする見解(『時事通信』〇九年九月一四日、各社報道)も発表した。現在までの立場の異なる複数の専門機関によるシミュレーションでは、前述の報告書を除くすべての検討でCO_2の増加が予測されている。

これまでに公表されたシミュレーションをまとめると、表5―1のようになる。高速無料化で「減る」と考えられる要因は、一般道における渋滞緩和(正確には走行速度の向上)のみであり、その他は短期的・長期的いずれも増える要因となる。また、高速道路の交通量が増える結果、事故・合流部・勾配の変化部分という渋滞の三大要因がいずれも増加することを考慮すると、全体として「減る」という説明は検討に値しないであろう。

ここで、第3章の交通現象の予測手法と、高速無料化や暫定税率の廃止とを関連づけて考えてみよう。図5―1は、各モデルが対象とする検討範囲を示すものである。

まず、「発生と集中」の段階で、高速無料化が実施されれば、外出を控えていた人が外出する

表５―１　高速無料化によるCO_2排出量の各種シミュレーション

報告	結論	検討モデル	検討対象	検討結果	備考
国土交通省A（国土技術政策総合研究所）	減少	高速道路と一般道の配分の変化（自動車交通量は一定）	全国の主要一般道・高速道路	310万ｔ減少	他の交通機関からの転換や誘発需要を考慮していない
気候ネットワーク＋環境自治体会議環境政策研究所	増加	鉄道・航空・バス・自動車の分担率の変化（交通総需要は一定）	都道府県越え・都市圏越えの長距離交通	835万ｔ増加	都道府県内・都市圏内における自動車交通量の増加を含めれば、さらに増加
国土交通省B	増加	鉄道・航空・自動車の交通需要の変化および分担率の変化	200㎞以上の長距離交通	190万～364万ｔ増加	200㎞未満における自動車交通量の増加を含めれば、さらに増加
アプレイザル社（注１）	増加	鉄道など他機関との分担も考慮した統合モデル	首都圏の１都４県	全体として６％増加、また鉄道会社の売上げが年間670億円減少と推計	近距離交通も含まれる
運輸調査局	増加	アンケートおよび鉄道など他機関との分担も考慮した流動量モデル	全国の高速道路利用者	一般道から高速道路の転換で13万ｔの減少要因があるものの、増加要因で差引き204万ｔ増加	新規の自動車交通誘発、交通機関相互の転換量も考慮
三菱総合研究所（注２）	増加	四段階推計法（交通需要の発生、交通機関分担なども考慮）	大都市圏および都道府県を越える幹線旅客流動（近距離も含む）	510～910万ｔ増加	移動目的別（業務・観光・私用）や行き先の変更なども考慮

（注１）松下文洋・尾村洋介「MEPLANシステム高速無料化（関東圏）シミュレーション」『エコノミスト』2009年11月10日号、28ページ。
（注２）三菱総合研究所「高速道路無料化に伴うCO_2排出量変化の試算」「地球温暖化問題に関する閣僚検討委員会第４回タスクフォース会合資料」2009年11月。

図5—1　CO_2排出量推計の検討範囲

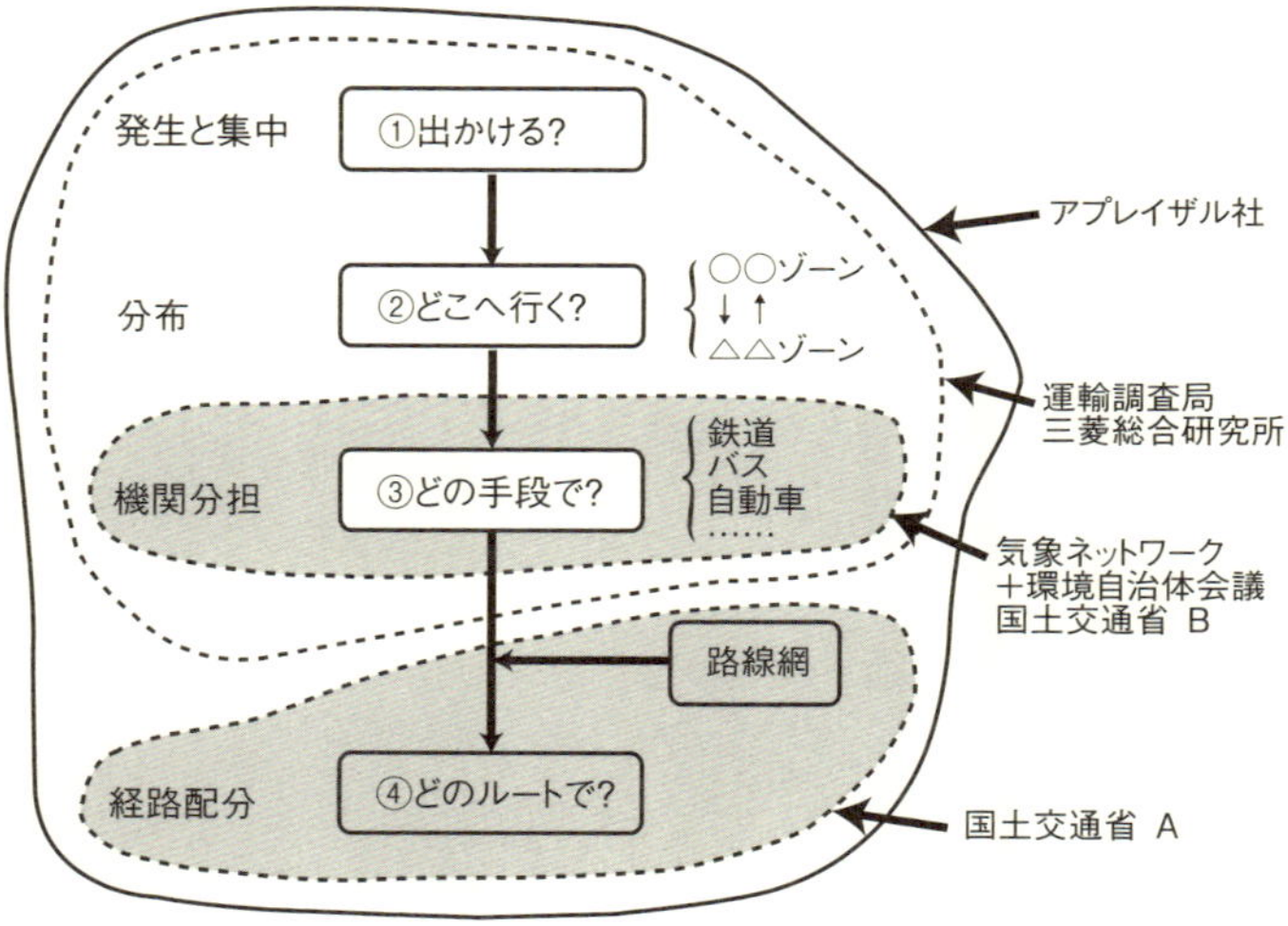

ようになる変化が考えられる。これが日本全体で集積されれば、自動車の走行量は当然ながら増える。「分布」の段階では、同じレジャーであっても、高速無料化という条件があれば、一般にはより遠くへ行こうとするインセンティブが働くと考えられる。

「機関分担」の段階でも、高速無料化によって自動車の走行費用が安くなれば、鉄道・バス・航空機などの公共交通手段から自動車への転換者が増えると考えるのが自然である。さらに、場所と手段が決まったとして、自動車で行こうとした場合、高速無料化は「経路配分」の段階にも影響がある。これまで高速道路料金の負担を避けて一般道を利用していた人が、高速道路に移行する。こうした総合的な影響の結果が、最終的な現象として現れる。

すでにＥＴＣ休日割引の段階で、自動車

利用者の行き先や走行距離の変化が多くの報道で伝えられている。極端な例かもしれないが、二〇〇九年八月には福井県で貝類の密漁が増加したと報告された。摘発者の九割は県外在住者で、京阪神や中京方面からが多く、また土曜・日曜や祝日に集中的に発生しているため、福井県を管轄する海上保安庁の担当部は、同年三月からのETC休日割引が背景にあるのではないかとみているという(『読売新聞』関西版、〇九年九月一一日)。

次に、CO_2排出量や渋滞について、なぜ「増える」「減る」という双方の見解が生じるのかに戻って考えてみよう。結論からいうと、いずれも計算自体が誤りというわけではない。「減る」とする試算は、図5—1の国土交通省Aのように、高速道路と一般道の経路配分の部分のみを取り出して検討している。一般道から高速道路にシフトすると、状況によって二つの現象が考えられる。高速道路の交通量が比較的少ないルートでは、一般道の渋滞が緩和されるケースがある。逆に高速道路の交通量がすでに容量一杯のルートでは、高速道路の速度低下が大きく、メリットが失われる。

全国の多くの道路ネットワークは、これらの両極端のいずれかにある。全国を集計すると、渋滞緩和効果が上回ってCO_2排出量の削減になると評価される。ただし、国土交通省Aは、道路交通全体での自動車走行量は一定という仮定のもとで計算されており、高速無料化によって自動車走行量そのものが増える要素は考慮されていない。

一方「増える」とする試算は、国土交通省A以外のすべてに共通で、交通手段の分担率の変化や、移動の需要そのものの変化も含めて、シミュレーションを行なっている。公共交通手段から自動車への移行者の増加は、ETC休日割引の影響で鉄道や高速バスに影響が出ていることからも、常識的に理解できるであろう。

「増える」「減る」いずれも、一定の仮定のもとでは誤りではないが、検討している範囲が異なるために結果も異なってくる。とはいえ、従来の高速無料化論で引用されている国土交通省Aのように、自動車走行量を一定として、高速道路と一般道の経路配分のみを取り上げた推計は、現状を正確に表していない。

競合する公共交通に対する対策をとらないまま高速無料化が先行すれば、第2章でも指摘したように、自動車利用に税金で巨額の補助を行うことに相当し、自動車交通の新規誘発と、公共交通から自動車への転換に一方的に作用する。局部的に一般道の渋滞緩和効果があったとしても、総合的にはCO_2排出量が増加すると考えるのが妥当である。仮に高速無料化を実施するとしても、全体の要素を統合したシミュレーションを再度検討しなければならない。

さらに付け加えれば、この統合シミュレーションを行なったとしても、対象は旅客(乗用車)の動きだけであって、物流(貨物車)に関する考慮は十分ではない。実際には、高速無料化によって道路ネットワーク全体で流れが変わり、貨物車のルート選択の変更も派生的に起きる。したがって、全面一律に無料にするのではなく「時間帯による区別化」「トラック・バスのみ無料」「有料利用者と無料利用者のレーン区分」といった多岐にわたるシミュレーションが必要になる。いっ

図5―2　最近の月別ガソリン消費量の経年比較(1～8月)

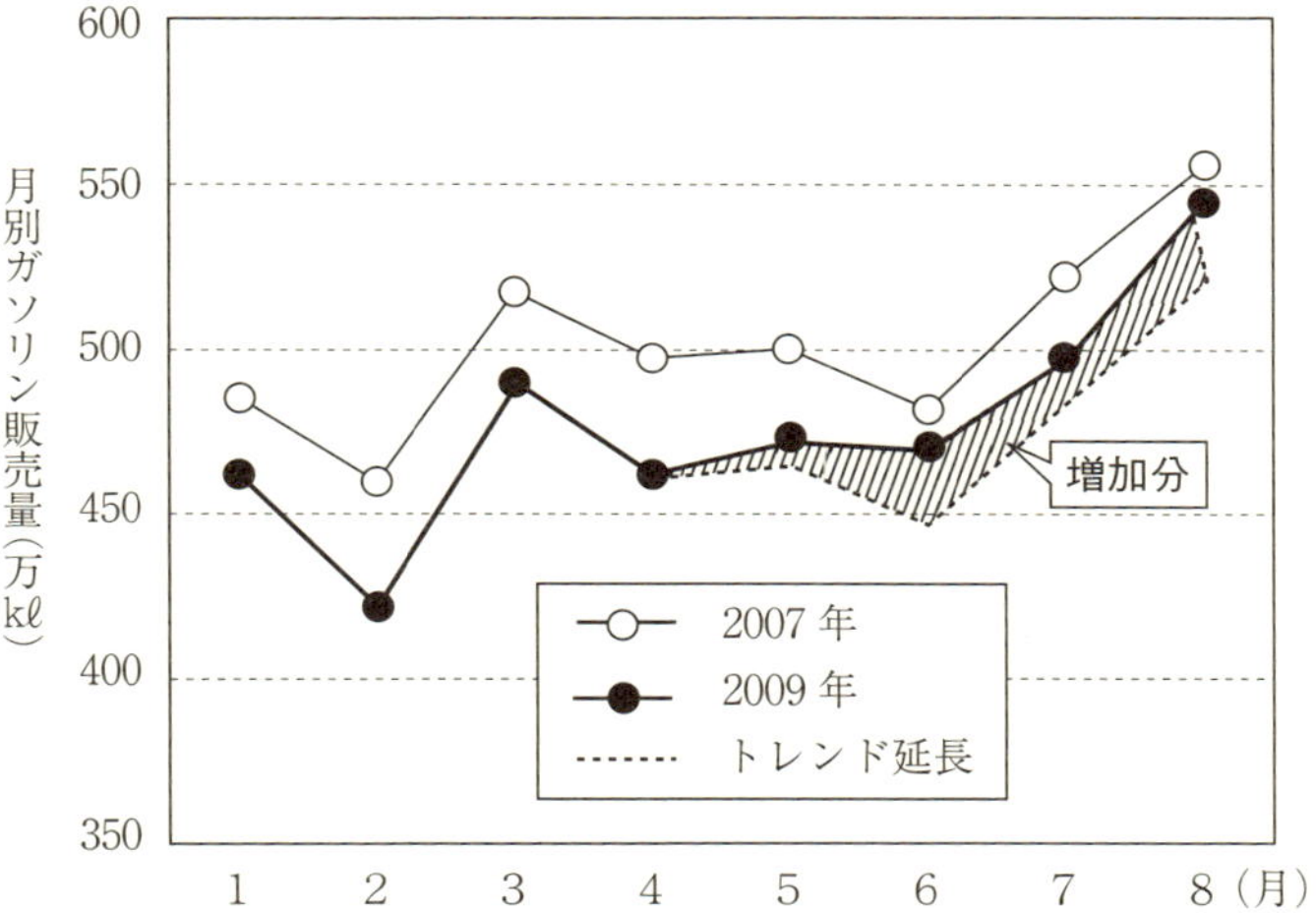

(出典) 経済産業省『資源・エネルギー統計』。http://www.meti.go.jp/statistics/tyo/seidou/result/ichiran/07_shigen.html

たん無料にすれば有料に戻すのは困難なので、慎重に実施するべきである。

国土交通省の「高速道路料金引下げについて」[1]では、過去のガソリン消費量を比較すると、二〇〇九年は〇七年に対して約五%減、〇八年に対して約一〇%減であるから、自動車全体としてCO_2排出量の増加はみられないとしている。しかし、この評価には疑問がある。

まず、二〇〇八年四月には国会審議の経緯から一カ月だけ暫定税率撤廃という例外的事態が発生したために、同期間のガソリン販売量は例年に比べて突出して増加した。しかし、翌月以降は逆に原油価格の高騰により急減している。したがって、〇八年との比較は除くべきであろう。また、〇七年の同期間に比較しても減っていると述べるが、〇九年八月までの月別ガソリン消費量のデータを用いて比較すると、図5―2のような傾向を示している。

二〇〇七年(〇)と〇九年(●)を比較すると、一～四月はほとんど並行した動きをしている。これがそのまま五月以降も続くとしたものが破線である。ところが、実際の五月以降のガソリン消費量は●のように推移し、破線より増加している。この差は〇九年四月以降のETC休日割引の影響とみるのが妥当であろう。その各月の差を八月までの四カ月(縦線の部分)について合計すると、約一五〇万tのCO_2増加に相当する。この傾向が一年間続くと仮定すると、年間四五〇万t前後のCO_2排出量増加に相当する。また運輸調査局も、〇九年四月以降の国内ガソリン販売量の変化から、年間で四六七万tの増加と推定しており、筆者の推定値と近い。

さらに、「高速道路料金引下げについて」は、東日本高速道路エリアにおいて、小型車の高速道路平均利用距離が二六%(二〇〇九年五月上旬の土・休日)および二三%(五月の連休期間)増加したと報告しているほか、交通量そのものが増加したという複数の結果も示されている。これは高速道路へのアクセス交通量の増加も必然的に招いているはずであり、国内全体における自動車交通量が増加したことは確実であろう。

いずれの面からも、ETC休日割引がCO_2の排出量増加をもたらしたと考えるほうがデータの推移を適切に説明できる。加えて高速道路が無料になれば、排出量はさらに増加するだろう。

2　燃料価格低下とCO_2排出量の増加

民主党は、二〇〇九年八月の衆議院議員総選挙に際して、マニフェストで「ガソリン税などの暫定税率の廃止・縮小」を掲げた。この時点ですでに道路特定財源は一般財源化されているので、正確には「暫定税率相当分の引き下げ」である（以下、慣例的に「暫定税率の廃止」と表記する）。

しかし、新政権として初の予算編成となる一〇年度予算では、財源の不足などを理由に燃料（ガソリンと軽油）に関する暫定税率の廃止は見送られ、自動車重量税に関する一部の税率引き下げにとどまった（ただし、原油価格が高騰した場合には暫定税率分の課税を中止する連動制を同時に導入）。いずれにしても、暫定税率の維持は過渡的な措置であり、将来は「環境税（具体的な内容は未定）」への移行が検討されている（二四ページ）。

将来的には、ガソリンや車両の課税が軽減され、燃料価格が低下する可能性もある。この場合、CO_2の排出量にどのような影響が生じるか検討してみよう。

自動車用ガソリンに関しては、通称「ガソリン税」といわれるものは「揮発油税」と「地方道路譲与税」の合計である。このうち暫定税率分は、揮発油税について一ℓあたり二四・三円、地方道路譲与税について同〇・八円である。したがって、暫定税率廃止が全面的に実施されると、ガソリン価格が一ℓあたり約二五円低下することになる。

ガソリン価格が低下しても、ガソリン消費量は増えないという見解を述べる論者がある。たとえば藤井裕久財務相(当時)は、二〇〇九年九月二八日の講演で「ガソリンのような生活必需品は、税金の多少で需要は変わらない。(自動車コストが)安くなればドライブが増えるということもない」と述べた(『東京新聞』〇九年九月三〇日)。

だが、これは事実に反する。ガソリン価格と消費量の関係については調査研究が無数にあり、ほぼすべてで「価格の変動に対して消費量に影響がある」という結果が得られている。国の重要な政策にかかわる判断であるから、個人的な思い込みや風説ではなくデータに基づいた議論を行わなければならない。

燃料価格と消費量の関係を検討する手法としては、統計的な価格弾力性の検討やマクロ計量モデルがある。価格弾力性とは、「価格の変化率」に対する「消費量の変化率」の比であり、たとえば価格弾力性がマイナス〇・五という場合は、価格が一〇%上昇すると消費量が五%減少する。「価格が高くなるほど消費量が増加する」という商品やサービスは通常は存在しないので、価格弾力性はマイナスの符号をもつ。その数字は研究によってばらつきがあり、必ずしも一致していないが、長期的弾力性が短期的弾力性の二~三倍になるという傾向は、多くの研究で共通している。多くの検討を網羅的に整理した文献として、たとえば香川勉氏[2]によるものがある。

多くの研究では、一つの国レベルで価格弾力性を計測しているが、正確には公共交通など代替手段の選択が容易かどうかといった要素で、地域別に価格弾力性が異なると考えられる。地域別に価格弾力性を調査したいくつかの研究では、都市部よりも地方部のほうが小さい。これは、都市部では代替手段へ転換しやすいのに対して、地方部では転換が容易でないためであると考えられる。

地域別を考慮した計測の一例として、中国電力エネルギア総合研究所の報告[3]を利用して試算する。そこでは、「大都市圏」は首都圏(一都三県)と大阪府、「地方圏」はそれ以外として分析している。得られた価格弾性値は表5―2のとおりである。たとえば、ガソリン価格が一二五円から二五円下がって一〇〇円になると、低下率は二〇%である。このとき、大都市圏での短期弾性値はマイナス〇・二五であるから、ガソリン消費量は四%増加すると推定される。これを全国について集計した量が、日本全体のガソリン消費量の変化である。

表5―2　地域別のガソリン価格弾性値

	大都市圏	地方圏
短期	－0.25	－0.04
長期	－0.64	－0.13

また、小川雅司・山田浩之氏は、都市の構造や世帯特性にも注目して、大都市と地方都市別に統計的モデルでガソリン消費量の関係を計測している[4]。そこで、中国電力の報告と小川氏らの文献を適用して、暫定税率の廃止すなわちガソリン価格が約二五円低下した場合の全国におけるガソリン消費量の増加を推計してみる(ただし、軽油については考慮していない)。小川氏らの方法では都市以外の町村部は不明だが、「地方都市」を準用するものとした。都市別の現状のガソリン消費量は、家計調査年報では一部の都市のデータしかないので、国立環境研究所が提供する全市区町村別CO_2排出量データ[5]を利用して推

計した。

レギュラーガソリンの現状価格を一ℓあたり一二五円、暫定税率が廃止された場合の価格を同一〇〇円とすると、中国電力エネルギア総合研究所の価格弾性値を適用した結果では、短期で年間一六〇万t、長期で年間四六〇万tの増加に相当する。これに対して小川氏らの結果では、年間七九〇万tの増加に相当する。

一方で、本当に暫定税率分の削減が道路事業の削減に直結するのであれば、インフラ建設時のCO_2排出量が削減するという要素もある。二〇二〇年までに道路投資額がどのように推移するかの推定は困難であるが、〇八年度における暫定税率分である約二兆四〇〇〇億円が消滅したと仮定して、どの程度のCO_2削減量に相当するかの推計は可能である。投資額に対する排出原単位として、国立環境研究所が提供しているデータベースを使用した[6]。

その結果、約二兆四〇〇〇億円の削減量に相当するCO_2削減量は約八六〇万tに相当する。道路は製造時のCO_2排出量が多い鉄とセメントの塊であるから、削減効果は高い。いずれにせよ、総合的な評価が必要であろう。

また、マクロ計量モデルとは、社会全体の経済の動きを構成する生産・消費・物価・賃金・雇用などの相互関係を経済理論から数式化し、過去の統計をもとにして将来を予測する方法である。原油価格や為替の変動、政策による税率の変化などを条件として与え、経済全体にどのような変化が生じるかを推計するために用いられる。

こうした検討の例として、二〇〇八年の中央環境審議会総合政策・地球環境合同部会 第二回グリーン税制とその経済分析等に関する専門委員会においては、〇七年一〇月の国立環境研究所の推計として、暫定税率が廃止された場合、〇八年～二〇年の期間で年間八〇〇万ｔの増加が推計されている。増加量は時間の経過とともに逓増し、七～八年経過後には二四〇〇万ｔ増加するという(7)(その後の第六回グリーン税制とその経済分析等に関する専門委員会で、八〇〇万ｔから七二〇万ｔに修正)(8)。

このようにモデルによって多少のばらつきはみられるが、いくつかの検討から評価すれば、暫定税率廃止によって、短期的には燃料消費量が増加するために年間八〇〇万ｔ前後のCO_2排出量増加が見込まれる。一方で、本当に暫定税率分の道路事業が削減されるのであれば、建設時の排出量削減が同程度に見込まれる。しかし、長期的には暫定税率廃止の影響が累積し、新政権が削減目標を掲げた二〇二〇年ごろには年間二〇〇〇万ｔあるいはそれ以上の増加をもたらすと推定される。道路事業の削減分を差し引いたとしても、一〇〇〇万ｔ以上は増加する。これは目標の達成の重大な障害になる。

なお、暫定税率廃止とは性格が異なるが、クレディ・スイス証券の白川浩道氏は「子ども手当」が自動車の販売を促進する結果を招くと推定している(二〇〇九年九月一六日、ロイター東京配信)。子ども手当は子育て世代への経済的支援であるが、使途を制限しているわけではない。

年収五八〇万円レベルの所得者層の場合、消費が一定の割合で増加したときに、どの品目の消費がどの程度の割合で増えるのかを示す消費弾性値が大きいのは自動車購入であるという。子ども手当が支給された場合、同所得者層を中心に、高速無料化や暫定税率廃止と相まって自動車購入が一八％程度増加し、全体としては国内自動車販売がおおむね五〜七％増加する可能性があると、白川氏は分析している。

3 「エコカー減税・補助金」は有効か

二〇〇九年四月から「エコカー減税・補助金」が実施された。〇九年度より三年間、自動車取得税と自動車重量税について、ハイブリッド車は一〇〇％の減免（免税）、ガソリン車は最大七五％の減免となっている。また、一〇年三月末までにこの制度の対象車に買い換えた場合、最大二五万円の新車購入補助金を取得できる。

なお、これ以前にも低公害車・低燃費車の普及を促す施策があった。①自動車税のグリーン化（低公害車・低燃費車に対して約二五〜五〇％の減免、一方で旧式車に対して約一〇％の重課）、②低燃費車の購入に関する自動車取得税の減免（約二％前後）、③低公害車の取得に関する自動車取得税の減免（約一％前後）などだ[9]。

この①〜③について、CO_2排出量の削減に本当に効果があったかどうかを分析した報告[10]がある。それによると、これまでの普及策は低公害車・低燃費車の普及に若干の効果があるものの、同時に一般車の購入を促す影響があり、必ずしもCO_2排出量の削減に寄与していないという。そして、CO_2排出量の削減に効果を発揮するためには、ハイブリッド車に対する減免率を極端に大きくし、在来ガソリン車に対する減税措置をやめて、ハイブリッド車と在来ガソリン車の価格差を縮小することが必要であると分析している。

この観点からみると、「エコカー減税・補助金」は、ハイブリッド車の免税という点ではこの分析に合致するものの、一般車の減免率も大きいため、むしろ一般車の購入を促す方向に作用していると考えられる。今後エコカーを大量普及させる際には、エコカーの減税分を一般車の増税に振り替える方策を検討すべきであろう。

加えて、現行の燃費の基準が車体重量の区分ごとに設定されており、重量の大きい自動車ほど燃費が悪くてもよくなっているため、CO_2の排出量削減に反する現象が発生している。たとえば重量区分の境界付近にある場合、オプションで特別装備をつけることによって、わずかの差で重量区分を重いほうに移行させてエコカー減税の対象に該当させるという販売戦術が行われているという(『朝日新聞』二〇〇九年一一月二一日)。これは違法行為ではないものの、本来の目的を逸脱する利用法である。

4　「ガソリンがいらない」自動車は解決策になるのか

代替エネルギー源を用いた自動車

自動車用の燃料は一般に「ガソリン」と表現されるが、貨物車では軽油を使用するディーゼル車が多いので、ここでは総合して石油系燃料と解釈する。第1章8でも指摘したように、ガソリンを使用しない自動車が大量に普及すれば、暫定税率のあるなしにかかわらずガソリンの税収が途絶え、道路整備のための財源もほとんどゼロになる。それをどうするのかを考えなければ、「ガソリンがいらない」自動車社会の議論は意味がない。現在とはまったく別の税体系を構築する必要があるが、その議論は具体化していない。

石油系燃料に依存した交通体系は、二〇〇八年に発生したような価格高騰の影響を受ける、産油地の政治的リスクが大きい、石油資源そのものの埋蔵量に疑問が呈されているなど、多くの問題がある。そこで、石油系燃料に依存しない自動車が提案されている。しかし、たとえ現在の自動車の多くを石油以外のエネルギー源に代替しても、自動車という交通体系に依存しているかぎり、本質的な問題の解決にはならない。

まず、現状で考えられる代替エネルギー源による自動車のシステムを整理してみよう。「エネルギー原料」→「燃料」→「走行」の三段階で考える。

第一段階のエネルギー原料には、石油系資源のほか、天然ガス・石炭・バイオマスなどが技術的には可能である。原料と概念は異なるが、電気もエネルギー源になりうる。電気を発生する手段は、従来の火力・水力・原子力のほか、太陽光発電や風力発電もあるから、選択肢は多い。

第二段階の燃料は、エネルギー原料と必ずしも一対一に対応せず、さまざまな変換が可能である。たとえば石油系であっても、従来どおりガソリン・軽油という形態のほかに、水素やアルコールへの変換も技術的には可能である。

第三段階の走行、すなわち動力部分についても、燃料と必ずしも一対一には対応しない。同じガソリンであっても、従来の内燃エンジンで燃焼させて動力を発生するだけでなく、燃料電池という形態で電気に変換し、最終的な動力はモーターで駆動する方法も研究されている。石油系の原料をわざわざ水素やアルコールに変換すればロスが発生し、ムダであるようにも思えるが、燃料電池への供給によって総合的な効率を改善するシステムが検討されている。

こうした三つの段階を組み合わせると、石油系燃料以外に数多くのシステムが可能となり、専門的には「ＷｔＷ効率」として評価される。これは「ウェル（Well＝井戸）からホイール（Wheel＝車輪）まで」を意味する。すなわち、ガソリン・軽油ならば原油の採掘を起点として、海上輸送・精製・配送と給油（ガソリンスタンド）を経て、自動車のエンジンで燃焼して最終的に車輪を駆動するエネルギーに変換するまでの、総合的な効率を検討する考え方である。「井戸」は石油を念頭においた比喩であるが、石油系以外のエネルギーであっても、生産から消費まで全ステージでの評価、たとえばバイオマスなら栽培・収穫・加工も含んだ評価が必要である。

電気への代替による問題点

古くから存在していた電気自動車は、構造を正確に表現すれば「電池」自動車である。電力を電池に貯蔵し、モーターで駆動力を発生する。旧世代(一九九〇年代以前)の電気自動車は、性能・使い勝手・電池の耐久性が低く、電池の更新に多額の費用がかかることもあって、導入はされたものの現時点ではほとんど使用されていない事例が多い。ただし後述するように、電池の性能向上によって最近は見直されている。

また、ガソリン(ディーゼル)エンジンと組み合わせたハイブリッド車(五二ページ注(7))、燃料電池を使用する燃料電池自動車も登場した。これらは通常、電気自動車とは呼ばれないが、モーターで一部あるいは全部の駆動力を発生する点で共通する。

これらは、ガソリン(ディーゼル)車のように停止中のアイドリングによる燃料消費がなく、それだけでもかなりの省エネになる。さらに、電池そのものの性能の向上や、あらかじめ別置きで充電しておいた電池を差し込んで充電時間を節約する「プラグイン」方式が開発されたため、注目されるようになった。

二〇〇〇年代前半には、燃料電池自動車が脱石油エネルギー自動車の主力として期待されていたが、実用的な価格で車両を提供する見通しが停滞している。さらに、燃料となる水素の配送・

貯蔵や車両への供給に関しても、安全面や設備の煩雑さから普及が制約されているため、試作車にとどまっているのである。

ガソリン車と同等の機能をもつ小型乗用車を想定し、国内の既存発電システムの平均電源構成(火力・水力・原子力の混合)を前提にした電源を用いて充電した場合、電池式の電気自動車は、走行一kmあたりのCO_2排出量が在来のガソリン自動車の四分の一程度となる(11)。もし自動車を完全に電気化できれば、CO_2排出量の削減にかなり有効と考えられる。ただし、電池の性能が向上しても、高速道路を長距離にわたって高速で走るには依然として制約がある。

前述のハイブリッド方式では、既存のガソリンスタンドがそのまま利用できるなど取り扱いが便利である一方、電池式電気自動車よりは効率が低下し、走行一kmあたりのCO_2排出量はガソリン車の六割程度となる。この程度であれば、今後の改良や車体の軽量化で達成できる範囲である一方で、長期的な二〇五〇年を見通した「低炭素社会」に到達するには充分ではない。

さらに、電気自動車には別の問題がある。ガソリン車より効率的とはいえ、電気の「もと」は何かを考えれば、リスクを含んでいることは自明だ。エネルギー源として石油の使用に制約があるとすれば、原子力の使用が不可避となるからである。大部分の自動車は昼間に使われ、夜間は休んでいる。夜間の充電は、原子力発電の維持にとって都合がよい。プラグイン方式が広く普及すれば、自動車が必需品であるという社会の前提が変わらないかぎり、原子力からの脱却は現在よりも困難になる。

太陽など自然エネルギー(再生可能エネルギー)を利用すればよいという提案もあるだろう。だが、こうした再生可能エネルギーは、エネルギー密度すなわち単位面積あたりに得られるエネルギー量が低く、家庭用としては使えるが、自動車にはそのままでは使えない。たとえば大型バスの屋根一面に太陽光パネルを貼ったとしても、それから得られる動力を直接モーターに接続すれば、晴天でも原付バイク一台分相当の出力にすぎない。

そこで、太陽光を使って発電した電力を電池に溜めておいて使うという提案もある。しかし、現在の自動車を本格的に代替するほどのエネルギーを太陽光でまかなうには、途方もない面積の太陽光パネルが必要となる。

仮に日本全体の乗用車の走行に必要なエネルギーを太陽光で供給しようとすれば、効率のよい電気自動車を想定したとしても、全体で年間約一兆kw時の電力が必要となる。この量を発電するには太陽光パネルが約二万㎢必要になる。野球のグラウンドにたとえれば約一七〇万カ所分で、日本全体の宅地面積を超える広さであり、およそ非現実的といわざるをえない。したがって、自動車用エネルギーの太陽光による供給は、現実にはごく一部にとどまるであろう。

いずれにしても、自動車の電気化には電池の性能向上が必須条件である。ところが、電池の製造にはリチウムなど特殊な金属資源を必要とする。いったん消費すればCO$_2$として大気中に拡散して回収が不可能な石油に対して、金属資源はある程度リサイクルが可能である。それでも、電気自動車が大量に増加する過程では、新たな資源の追加もまた大量に必要となる。現状では、リチウム産出国（南米が主）の偏在と、供給企業の寡占が不安視されている。次世代自動車は、石油の争奪をめぐる政治的摩擦を軽減する可能性がある一方で、金属資源の争奪をめぐる新たな摩擦を招くおそれがある。交通手段として自動車という交通システムを使い続けるかぎり、どのような改良を施しても、社会的な負の側面を軽減することは困難である。

人びとの食料を奪うバイオ燃料

では、バイオ燃料はどうであろうか。農産物も含めてバイオ資源から燃料をつくるプロセスは、大まかに分類しても数十種類ある。技術的な詳細は資料(12)を参照していただきたい。

バイオ起源の燃料は、CO_2を出さない（植物による吸収と相殺される）と評価されているが、実際には製造過程で多くのエネルギーを消費し、燃料の保有するエネルギーを上回る無意味なプロセスもある。石油の需給が逼迫するなかで、自動車という交通体系をどうしても維持したいという社会的な強い圧力が存在するかぎり、逆効果のプロセスでも工業的に採用される可能性がある。

食料は人間が生きるために不可欠だから、バイオ燃料が増えれば食料価格が高騰し、あるいは絶対量が不足する。いまでも基本的な栄養を摂れない人びとが多い途上国・最貧国では、より重大な問題になる。基本的な食料の不足や配分の不均衡は、戦争・紛争の最大の要因である。これまでも、食品や石けんに使用されているパーム油の環境破壊や労働問題が指摘されてきた。自動車用燃料となると、食品や石けんとは桁違いに大量の農作物が必要となるため、その影響はさらに大きい。

エタノールのような液体形状の燃料が必要になる理由は、自動車による交通体系を維持するためである。トウモロコシからエタノールを製造するプロセスを例に検討しよう。

各種文献の数字を総合すると、一haの畑から収穫されるトウモロコシは、カロリー換算で一年に約三〇人を養える。これに対して、同じ量のトウモロコシを自動車燃料に転換すると、一年に約二台の自動車(日本で平均的な乗用車)を動かす燃料に相当するエネルギーが得られるにすぎない。それは、自動車を所有できる経済的富裕国(富裕層)が自動車を使い続けるために、最低限の栄養も充足できない経済的貧困国(貧困層)の人びとの生命をいっそう危険に追いやる、反道徳的なテクノロジーといえる。

しかも、CO_2排出量の削減でさえ、ときには逆効果になる。トウモロコシからエタノールを製造するには、農作業に必要な燃料や肥料、製造工程の燃料や電力などを通じて石油の使用が不可避である。一kgのCO_2排出量の削減効果に対して、原料の栽培・収穫とエタノールの製造過程で、それよりも多い一・三kgのCO_2を発生する製造プロセスさえある。トウモロコシからのエタノール製造は、食料供給との摩擦を生じるだけでなく、環境対策としても技術的に意味がない場合がある。

このほか、各種のCO_2削減技術について、副次的に発生する資源の採掘・大気汚染・水質汚染・耕地への影響などを統一的な基準で経済価値に換算して評価する「ライフサイクル環境影響評価（ＬＣＩＡ）」による検討も報告されている。[13] ＬＣＩＡのなかには計算手法や基礎データが異なる複数のシステムがあり、結果は異なるが、農産物起源のエタノールは、三つのうち二つのシステムで大きなマイナスと評価されている。

5　都市の構造や道路とCO_2の排出量

自動車という物体が存在するだけなら、環境負荷は発生しない。自動車が走行してはじめてCO_2や大気汚染物質が発生し、環境への負荷が生じる。自動車交通に起因する環境負荷、すなわち自動車の使い方を大きく左右するのは、都市と道路のあり方である。さまざまな都市の構造と環境負荷に関して既存の研究をレビューした文献[14]によると、影響を及ぼす因子を①都市のサイズ（面積）、②密度、③用途（住宅地、商業地など）の混合に分けて検討している。①に関しては、一九七五年から九二年までに、地方中核都市において、都市の外延化（いわゆるスプロール化）がなかったとすると、二四％のエネルギー消費の削減になったという研究もある。

前述のように高速無料化論では、通勤圏・生活圏が広がることをメリットとして捉えている。しかし、これらは直接的にはCO_2排出量を増加させ、個人にとっては移動によって多くの費用がかかることになる。小川雅司氏らは、都市構造や世帯特性にも注目して、大都市と地方都市別

表5―3　ガソリン消費量と都市構造の関係

変　　数	変数の定義	全都市（大都市・地方都市46市の平均）	大都市（おおむね政令指定都市、14市）	地方都市（政令指定都市以外の県庁所在都市、32都市）
人口密度	1000人／可住地面積（㎢）	−	−	−
道路密度	実延長10㎞／可住地面積（㎢）	＋	＋	＋
所得	年間課税所得100万円／世帯	＋		
ガソリン価格	年間ガソリン支出額円／ガソリン消費量（ℓ）	−	−	−
家計規模（世帯あたり人口）	都市人口／家計	＋		＋

（出典）小川雅司・山田浩之「都市構造と自動車交通・ガソリン消費量に関する研究」『高速道路と自動車』45巻10号、2002年、27ページ。

にガソリン消費量との関係を計測している。人口密度・道路密度・所得・ガソリン価格・家計規模・大都市かどうか・周辺都市かどうか・港湾都市かどうかを変数として整理したものである。大都市とはおおむね政令指定都市と一部の隣接都市、地方都市はその他の県庁所在都市を指す。

データを整理した結果、表5―3のような変数が統計的に関連があることが示された。符号の「＋」は変数が増加した場合にガソリン消費量が増加する関係に、「−」は変数が増加した場合にガソリン消費量が減少する関係にあることを意味する（具体的には、それぞれの数値が入っているが、複雑なので符号だけを示す）。ここではガソリン消費量という指標を求めているが、これは直接的にはCO_2の排出量と連動するほか、間接的には公共交通と自動車の手段分担率を示すことにもなる。

これを高速無料化や道路と関連づけて検討すると、まず人口密度はマイナス、すなわち人口密度が低いほどガソリン消費量が増加する関係にある。これは高速無料化論でいう「通勤圏・生活圏が広がる」「移動距離が広がる」ことと対応する。また、道路密度は直接には高速無料化とは関連がないが、プラスである。これは、道路を整備するほど自動車の利用が便利になって自動車がよく使われるようになることを示す。ガソリン価格についてはマイナスで、ガソリン価格が安いほどガソリン消費量が増加する関係にあることを示す。

家計規模（世帯あたり人口）はプラス、すなわち世帯あたり人口が多いほど、大都市では相関がないが、地方都市ではガソリン消費量が増加する関係にある。これは、大都市では駐車場の制約から多くの場合、世帯あたり人口に関係なく自動車保有台数は一台だが、地方都市ではいわゆる「一人一台」に近づくから、世帯あたり人口が多いほどガソリン消費量が増加する関係にあるためと考えられる。

このほか、港湾都市では海に沿って公共交通軸が発達していたり、一方が海で片方が山など自動車交通を抑制する地理的要因などから、ガソリン消費量が少ない。多くの他の研究でも同様の傾向が報告されている。

住宅や工業地帯の物理的な分布も、交通のあり方や環境負荷に影響を及ぼす。都市形状が細長[15]

いほうが鉄道の利用に適していること、市街地から第一種低層住居専用地域[16]までの距離によってバス利用の度合いが影響されること、などが指摘されている。さらに、都市の立体構造を考え、用途床配置の変更によって交通エネルギーのコントロールができるという検討もある[17]。

図5―3　人口密集地域の人口密度と移動によるCO_2排出量の関係

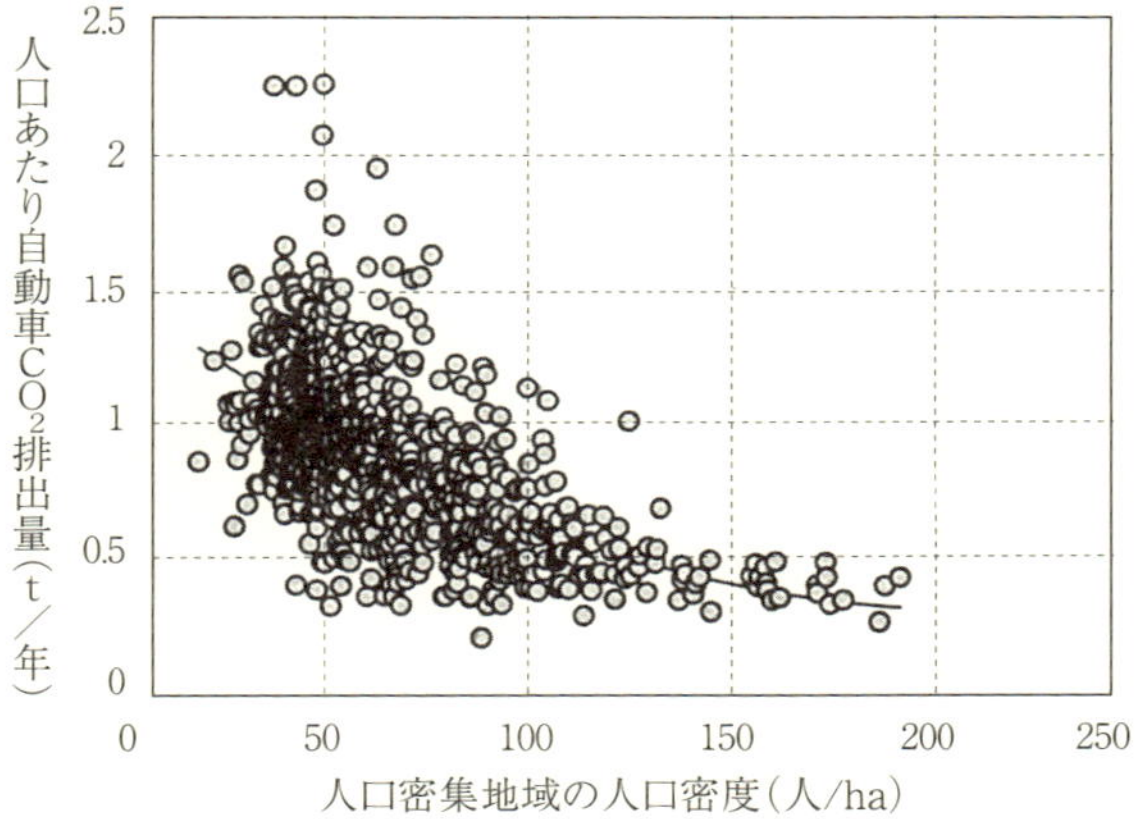

（出典）松橋啓介・工藤祐樹・上岡直見・森口祐一「市区町村の運輸部門のCO_2排出量の推計手法に関する比較研究」（『環境システム研究論文集』32巻、2004年10月）、235ページより筆者整理。

全体的に、コンパクトシティ（いろいろな用途の地域が混合した高密度の都市）は交通に関する環境負荷を低減させる。「高密度の都市」というと、道路が混雑する、大気汚染や騒音に悩まされるという印象を抱くかもしれないが、その理解は正しくない。それらの問題のほとんどは、自動車の過剰な使用によって生じているからだ。

適切な都市計画によって自動車の必要性が少ないように計画された街は、一定の人口密度を維持しつつ、快適な環境の享受が可能である。こうした街では、鉄道駅を核として、生活に必要なサービスが徒歩や自転車ですむ範囲内で提供され、長い距離を移動する必要があるときは鉄道やバスが利用できる。

これと逆に、人口が分散した居住圏が形成されると、生活に必要な移動（交通）エネルギーが飛躍的に増加する。CO_2排出量の増加は、直接的に燃料費用に伴う燃料消費量の変化だけでなく、都市構造の面からも影響を受ける。もし高速道路の無料化が定着すれば、首都圏・大阪圏などは別として、その他の多くの都市圏では、人びとは高速道路による通勤を前提として遠くに住居を求め、都市のスプロール化が促進されるであろう。郊外型の大型商業施設の建設促進にもつながる。

全国の市区町村別のデータを整理すると、図5―3のように人口密度と自動車からのCO_2の排出量は密接に関係する。この図は、人口密集地域の人口密度と住民一人あたりCO_2排出量の関係を示したものである。

道路が走りやすくなるほど、人びとは自動車を多く使うという統計的な分析もある。通勤などの用途については、道路状況が変化したからといって行先や回数の変更はないが、私用も含めた交通の全体としては影響がある。道路整備による渋滞改善（自動車の平均走行速度が向上）によって燃費が改善され、CO_2排出量が減少する効果がある一方で、平均走行速度の向上、すなわち距離あたりの所要時間が短縮されて便利になった分だけ、一台あたりの自動車の走行距離が増大する。県庁所在都市について、平均走行速度と自動車一台あたりの年間走行距離の関係を整理した

図５—４　平均走行速度と年間走行距離の関係

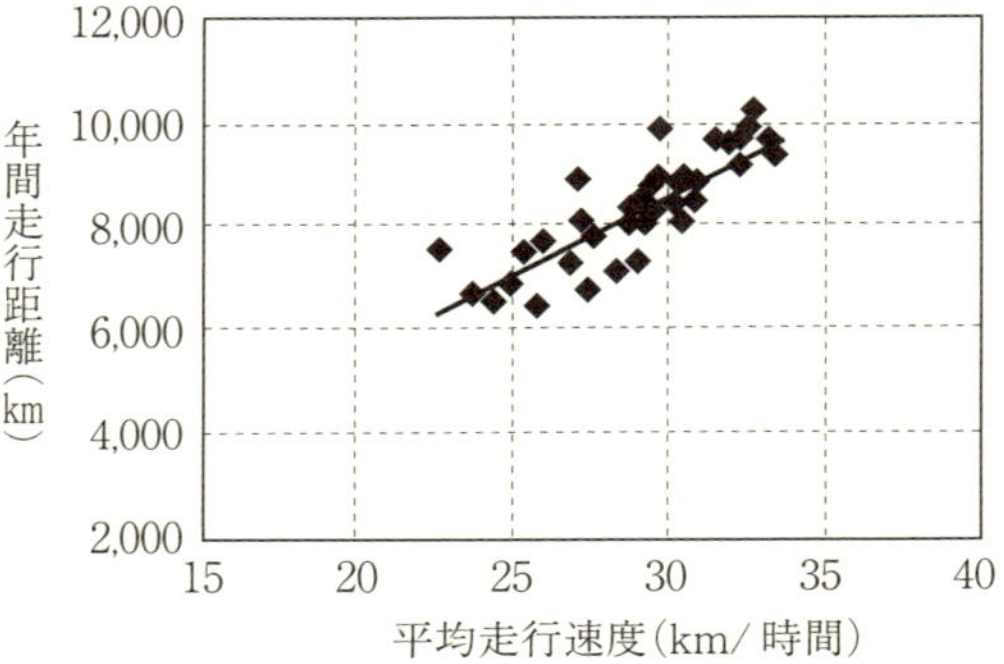

（出典）環境省「第３回地球温暖化とまちづくりに関する検討会」2006年２月、資料３—１。

ところ、図５—４のように、平均走行速度の向上にともなって走行距離も増加する関係がみられた。

現実の生活に関連づけて考えると、ある人が一日にどのような活動に時間を配分するかは、転居・転職、家族構成の変化といった事情がないかぎり、およそ決まっている。したがって、移動に費やす時間もおよそ一定である。

すると、道路の流れがよくなって平均走行速度が向上すると、同じ時間でより遠くまで移動できるから、走行距離は伸びる傾向となる。通勤や業務には短期的には影響しないとしても、その他の私用には影響する。高速無料化によって、その提唱者がいうように道路交通がスムースになって平均走行速度が向上するならば、人びとはより多く車を使うようになる。

いずれにしても、高速無料化によってCO_2の排出量が削減されるという説明には不合理な点が多い。平均走行速度が時速二五kmから三〇kmに向上すると、燃費（一kmあたりのCO_2排出量）が九％減少する（六二ページ図２—３）ものの、図５—４によると自動車一台あたりの年間走行距離が年間七〇二〇㎞から八五二〇㎞に約二一％増加するから、結局のところ「自動車が走りやすくなるほどCO_2排出量が増加する」という関係になる。

（1）http://www.mlit.go.jp/common/000045629.pdf
（2）日本交通政策研究会「ポスト京都議定書期間における運輸部門の二酸化炭素排出削減施策」日交研シリーズA—四三九、二〇〇八年（香川勉「ガソリン乗用車のエネルギー消費量に関する価格および所得弾性値の推計」）。
（3）中国電力エネルギア総合研究所「ガソリン価格上昇に伴う負担増加～大都市圏・地方都市圏の分析結果から～」『調査統計月報』二〇〇八年六月。
（4）小川雅司・山田浩之「都市構造と自動車交通・ガソリン消費に関する研究」『高速道路と自動車』四五巻一〇号、二〇〇二年、二七ページ。
（5）国立環境研究所「自動車CO_2排出量マップ」。http://www-gis5.nies.go.jp/carCO2/CO2_main.php。
（6）国立環境研究所「産業連関表による環境負荷原単位データブック」。http://www-cger.nies.go.jp/publication/D031/jpn/index_j.htm
（7）http://www.env.go.jp/council/16pol-ear/y164-02.html
（8）http://www.env.go.jp/council/16pol-ear/y164-06.html
（9）ここでいう低燃費車はCO_2の削減に、低公害車は大気汚染物質の削減に関連する。
（10）日本交通政策研究会「低公害車・低燃費車に対する減税措置の効果の事後的評価」『日交研シリーズA—四四六』。
（11）日本自動車研究所JHFC総合効率検討特別委員会「JHFC総合効率検討結果報告書」二〇〇六

年三月。

(12)「輸送用燃料の Well-to-Wheel 評価―日本における輸送用燃料製造(Well-to-Tank)を中心とした温室効果ガス排出量に関する研究報告書―」みずほ情報総研、二〇〇四年一一月。

(13) 小杉隆信「炭素排出削減技術の副次的環境影響の予備的評価」『エネルギー・資源』三〇巻三号、二〇〇九年、一八三ページ。各手法の解説は複雑になるので、参考文献を参照していただきたい。

(14) 森本章倫「交通環境負荷とコンパクトシティに関する研究動向と課題」『土木計画学研究・講演集』二五号、二〇〇二年。

(15) 建築基準法による用途地域のことを指す。住居の質や安全を一定水準に保つために、建築基準法により、建築できる建物の種類、用途、容積率、建ぺい率(敷地面積に対する建築面積の割合)、日照の妨げなどについて、一二の区分で地域が指定される。

(16) たとえば第一種低層住居専用地域では、住宅のほか学校など近隣の生活に不可欠な建築物以外の建築が制限される。

(17) 松橋啓介「環境共生都市の都市空間形成に関する研究」東京大学大学院工学系研究科博士論文、二〇〇一年。

第６章
持続的な社会と交通

1 社会的排除の防止

日本の交通体系の変化を振り返ってみると、モータリゼーションの初期には、経済的・社会的な強者から自動車を所有していった。いまでは「農村部ほど自動車が必要」と思われているが、時間的な経緯をみると都市から先に普及したのである。やがてモータリゼーションが日本の隅々まで浸透すると、経済・社会が自動車を前提とした構造に変化していく。いわゆる「自動車がないと生活できない」社会の到来である。

その結果、大都市を除くと、自動車の保有・使用がなかば強制となった。モータリゼーションの初期とは逆に、自動車を持っていても自慢にならないどころか、持たないことによる多大なマイナス面を回避するために持たざるをえなくなったのである。しかし、自動車の利用には免許や一定の費用が欠かせない。図6—1のように、その条件を満たせない人びとが、就職や最低限の日常的・福祉的サービスにもアクセスできないなど、社会的に排除される状態に陥っている。

多くの場合、非正規雇用の本人の収入のみでは、たとえ中古の軽四輪程度でも保有・使用には困難が伴う。「就労の意志があるのに、就労できない」という状況に関して、交通が大きな制約となっているケースも少なくない。

「鉄道路線別」を見出しにしている就職情報誌があることからもわかるように、雇用形態が正

図６―１ 社会的排除の構図

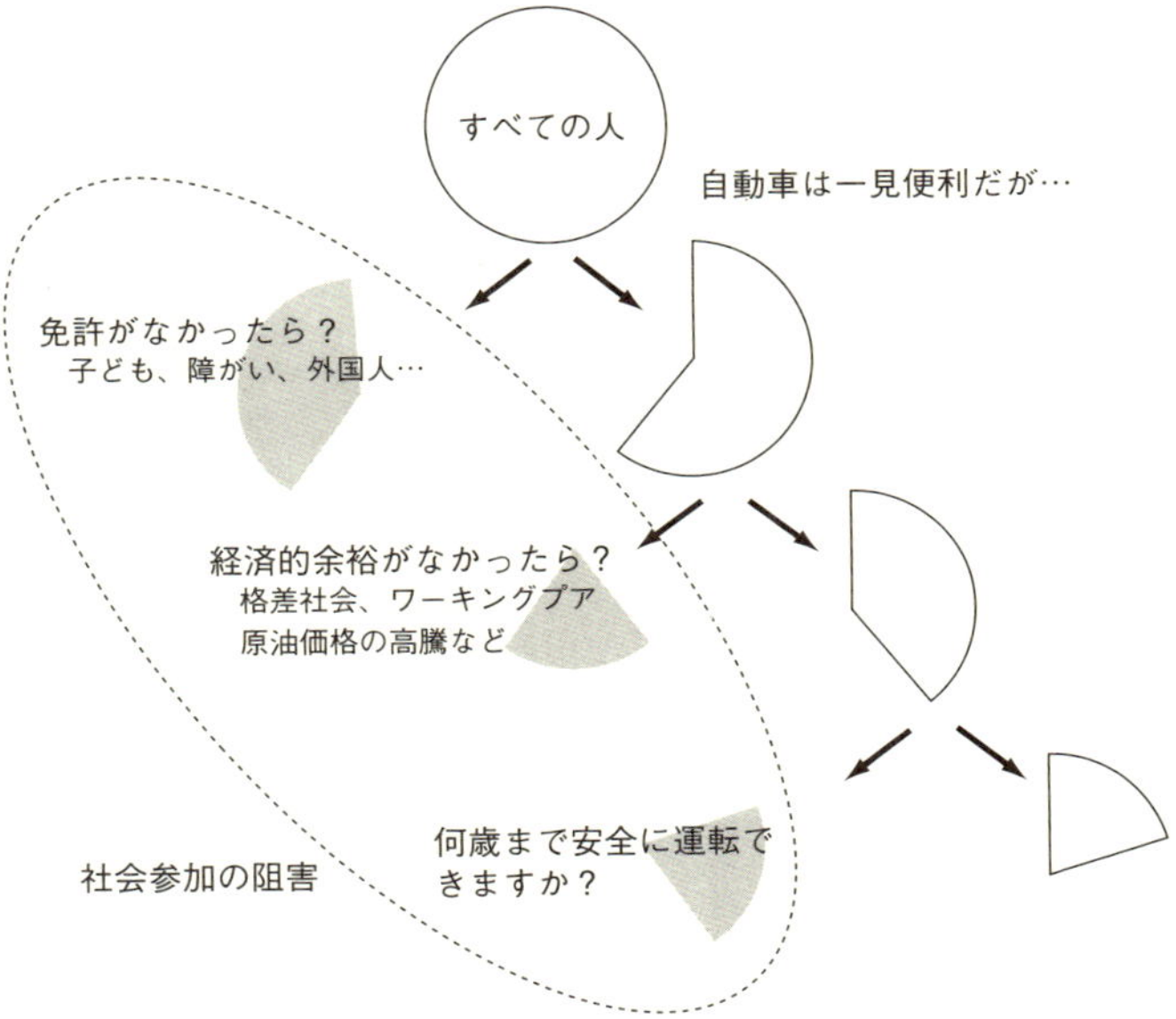
すべての人
自動車は一見便利だが…
免許がなかったら？
子ども、障がい、外国人…
経済的余裕がなかったら？
格差社会、ワーキングプア
原油価格の高騰など
何歳まで安全に運転できますか？
社会参加の阻害

規・非正規にかかわらず、公共交通が利用できれば就労の選択肢が広がる。だが、地方都市や農村部では、問題はきわめて深刻である。パートやアルバイトに行くにも自動車を必要とする。その部分だけの収支で考えると経済的に見合わない。家族の誰かに主収入があれば、それで帳消しにし、それがなければ就労を断念する結果になる。

高速無料化や自動車関連の諸税の軽減によって自動車を使いやすくすれば、こうした社会的排除が軽減されるのかといえば、そうした効果はない。もともと自動車の保有・使用が困難あるいは不可能な人には何のメリットもないばかりか、既存の公共交通機関の経営を圧迫して、路線の廃止や減便などを招く派生的な影響も考慮すると、むしろ社会的排除の対象になる人びとの割合を増すことになりかねない。

また、公共交通の重要性についての新政権の理解が十分でなければ、公共交通への助成も「税金のムダ遣い」と一括され、公共交通が急速に壊滅する可能性も少なくない。地方のバス事業者は、バリアフリー対応の低床バスを導入しようとしても新車購入資金がなく、大都市の事業者から中古車両がまわってくるのを待つしかないほど経営が苦しい。二〇〇九年一一月の行政刷新会議による「事業仕分け」の判定を受けて、地方バス路線維持対策が前年度比一〇％減（六八億円）となったように（一八ページ）、地域公共交通を支援する予算は軒なみ減額されている。

これらは従来でも、道路予算に比べれば約二〇〇〇分の一というわずかな額にすぎない。それがさらに冷遇されたのである。

高速無料化と自動車関連諸税の軽減を「地域主権・地域の再生」と評価する説もあるが、まったく逆である。社会保障や公共サービスの貧困を自動車利用の拡大でごまかしてきた日本の社会システムは、いよいよ破綻に直面しつつある。高速無料化や自動車関連諸税の軽減は、これをいっそう加速する。地域住民が必要とする公共サービスとセーフティネット全体を再考し、政策とその財源を選択できる制度的な枠組みを構築すべきである。

2　自動車か移動の自由か――「交通基本法案」の意義

民主党でも社会的にも、高速無料化と自動車関連諸税の軽減、すなわち自動車の利用をより促進する政策ばかりが注目され、人びとの「移動の権利」を保障するという本質的側面への関心は乏しい。人びとが欲しいのは「自動車」なのか「移動の自由」なのか、冷静に考えるべきであろう。

民主党は、政権交代が現実化する以前から、移動の権利に関する政策を提案してきた。「INDEX2009」には、「交通基本法の制定」の項目があり、次のように述べられている（四一ページ）。

「「交通基本法」を制定し、国民の「移動の権利」を保障し、新時代にふさわしい総合交通体系を確立します。その内容は、①国民の「移動の権利」を明記する②国の交通基本計画により総合的な交通インフラを効率的に整備し、重複による公共事業のムダづかいを減らす③環境負荷の少ない持続可能な社会を構築する④都道府県・市町村が策定する地域交通計画によって地域住民のニーズに合致した次世代型路面電車システム（LRT）やコミュニティバスなどの整備を推進する――等です」

ここで、交通基本法の経緯について整理しておこう。最近、雇用や社会保障に関するさまざまな問題について、新自由主義の行き過ぎが指摘されている。政権交代が生起したのも、その反省が大きな理由になっていることは、多くの人が認めるところであろう。実は、新自由主義は、交通の分野ではすでに一九八〇年代から多くの問題を引き起こしていた。

日本では一九八〇年代に、公共交通に対する否定的な見方が強まっていく。とくに、公共交通事業者が採算性の高い路線の収益で赤字路線を維持する「内部補助」が経済効率性を阻害すると批判され、さらにそれに起因して事業者に対する公的補助へ批判が向けられた。もっとも、公共交通といいながら、純粋に公設公営の形態をとるシステムは、大都市の公営交通（自治体の組織としての「交通局」など）以外には存在していない。

旧国鉄でさえも公設公営ではなく公共企業体であり、採算性の重視を求められていた。公共交通といいながら民営事業者に多くを依存してきたのは、海外にはみられない特異な状況である。すでに一九六〇年代から、地方の小規模な民営鉄道・民営バス路線の廃止が続出していたのをはじめ、八〇年になると旧国鉄でも八三路線が「廃止対象路線」に選定され、バス転換や第三セクターへの移行が実施された。国鉄の地方交通路線の経営分離は、単に旧国鉄としての経営改善の意味にとどまらず、来るべき分割民営化の一過程だったのである。

一方、このころから「障がい者の移動の権利」が「バリアフリー」という用語を通じて社会的に認知されるようになる。また、モータリゼーションの進展の裏面として、公共交通の撤退によって移動の自由を制約される人びとが増え、旧国鉄においてはローカル線の運賃を割り増しにする制度が実施され、地域的な不公平が生じていく。それに対して、移動に関する不自由・不公平な現象への疑問、「権利としての交通」というアプローチがなされてきた。

民主党は二〇〇二年の第一五四回通常国会に、社会民主党と共同で「交通基本法案」を提出したが、審議未了で廃案となる。〇六年には、地方分権の観点と地方自治体の義務の記述などを加えてふたたび第一六五回臨時国会に提出したが、やはり成立しなかった。一方で、趣旨と内容の一部を共有する法律として「高齢者、身体障害者等の公共交通機関を利用した移動の円滑化の促進に関する法律」（交通バリアフリー法）が二〇〇〇年六月に成立する。同法は〇六年六月に、より広い概念を含んだ「高齢者、障害者等の移動等の円滑化の促進に関する法律」（バリアフリー新法）に移行している。

民主党の交通基本法案は先進的であり、多くの重要な内容を含んでいる。法案全体は民主党ホームページ(1)に掲載されているが、「ＩＮＤＥＸ２００９」に対応して抜粋すると、たとえば①の国民の「移動の権利」については次の記述がある。

「（目的）

第一条　この法律は、交通が、人の移動及び貨物流通を担うものとして国民の諸活動の基礎であるとともに、環境に多大な影響を及ぼすおそれがあることにかんがみ、移動に関する権利を明確にし、及び交通についての基本理念を定め、並びに国、地方公共団体、事業者及び国民の交通についての基本理念に係る責務を明らかにするとともに、交通に関する施策の基本となる事項を定めることにより、交通に関する施策を総合的かつ計画的に推進し、もって国民の健康で文化的な生活の確保及び国民経済の健全な発展に寄与することを目的とする。

（移動に関する権利）

第二条　すべて国民は、健康で文化的な最低限度の生活を営むために必要な移動を保障される権利を有する。

（交通条件に恵まれない地域における交通施設の整備の促進等）

第十七条　国は、交通条件に恵まれない地域の住民が日常生活及び社会生活を営むに当たり安全で円滑で快適に移動することができるようにするため、当該地域における交通施設の整備の促進及び輸送サービスの提供の確保その他必要な措置を講ずるものとする」

「健康で文化的な最低限度の生活を営むために必要な」とあるのは、日本国憲法に規定された基本的人権の構成要素を念頭におき、それを実現する具体的な裏づけとなる交通権の概念を述べたものである。第一条に記述されるように、移動に関する権利が国民の健康で文化的な生活の確保と国民経済の健全な発展に不可欠な要素であることはいうまでもない。この一部は、交通バリアフリー法およびバリアフリー新法として成文化している。ただし、移動に関する権利は、より広範な内容を含むべきものである。

また、②の「国の交通基本計画により総合的な交通インフラを効率的に整備し、重複による公共事業のムダづかいを減らす」に対応した部分では、第十四条で国が交通基本計画を定めることを規定している。さらに、第二十一条で、「国は交通に係る投資の重点化を図り、真に必要性がある交通施設の重点的な整備の促進」を行うことを求め、第二十二条で、「幹線道路、鉄道、航路及び航空路の間における連携並びに公共交通機関の間における連携」の強化などを定めた。

次に、③の「環境負荷の少ない持続可能な社会」については、第十条で交通事業者が環境の負荷を低減するように努める義務を述べ、第十九条では都市部における自動車交通量を抑制するための措置を講ずるとしている。条文に技術的な手段は明記されていないが、これはロードプライシング[2]を指すものと考えられる。さらに第二十三条では、環境への負荷低減に有効なインフラ整備、貨物輸送のモーダルシフト（輸送手段の転換）にもふれている。

④の「都道府県・市町村が策定する地域交通計画」については、第十五条・第十六条で、都道府県および市町村による地域の特性に応じた交通計画の策定を定めた。加えて、第十四条の国レベルでの交通基本計画の策定をはじめ、都道府県・市町村での交通計画の策定において、住民の意見を反映することを規定している。

こうした検討を重ねてきたにもかかわらず、現在は高速無料化と自動車関連諸税の軽減だけが突出して取り上げられ、より普遍的な国民の移動の権利についての議論は深まっていない。高速無料化と自動車関連諸税の軽減によって、いまでも経営が苦しい地方の鉄道・バスなどの公共交通が一挙に崩壊する可能性が少なくない。地方で自動車の交通分担率が少しでも上昇すると、毎年一～二％という単位で増客の努力を積み重ねてきた交通事業者の努力が一挙に破壊される。

なお、「ＩＮＤＥＸ２００９」では「（高速無料化の）実施に当たっては、道路会社の職員の雇用、首都高速・阪神高速の株主たる自治体の理解、競合交通機関への影響及び交通弱者等に対する十分な配慮を講じます(四三ページ)」とある。大綱でも、「競合交通機関への影響及び交通弱者に対する配慮」が論点として記載されている。だが、それに対応する具体的施策の動きはまだない。

3 「低炭素交通」は実現可能か——温暖化を防ぐ中期目標の達成をめざして

交通部門のCO_2排出量二五%削減の可能性

持続可能な社会をめざすには、多様な側面からの検討が必要である。気候変動などの物理的な環境問題だけが議論の対象ではない。ただし、気候変動による被害が深刻になった場合は、社会的・経済的に負の影響が多くの面に波及して増幅される。鳩山首相は二〇〇九年九月二二日に「国連・気候変動に関するハイレベル会合」で、温室効果ガスの排出量に関して、二〇二〇年までに一九九〇年比二五%削減をめざすという日本の中期目標を言明した。

しかし、その具体案については、前政権で実施された「地球温暖化問題に関する懇談会中期目標検討委員会(3)」でいくつかのシナリオやシミュレーションが並列的に提示された状態で政権交代に至り、具体的な検討は中断した。新政権発足後、「地球温暖化問題に関する閣僚委員会タスクフォース」で検討が再開されたが、結論は未定である(二〇一〇年一月現在)。本章では、現時点で利用可能な情報に基づいて、交通の分野における「二〇二〇年までに一九九〇年比二五%削減」

に相当する温室効果ガス排出量の削減が可能となる交通部門中期シナリオづくりのための想定結果を紹介する。

結論から言えば、高速無料化などの温室効果ガスの増加をもたらす政策を導入しつつ、CO_2排出量の削減を実現しようとすれば、「エコカー以外販売禁止」などの無理な対策の導入につながる。一方、こうした逆行政策を回避し、ようやく浸透しつつある交通需要管理（TDM）[4]の推進、コンパクトシティ政策を着実に実施すれば、ハイブリッド車の普及などの条件は現実的な範囲で、人びとの暮らしの質を損なわず、目標に到達できる可能性がある。

CO_2排出量はどう決まるか

まず、交通に関するCO_2排出量がどのように決まるかのメカニズムを理解しなければならない。それは、「渋滞緩和で燃費向上」というような単純な構造で決まるわけではない。図6―2はその仕組みと、CO_2排出量の削減に有効な要素を表現したものである。CO_2排出量は、ステップ1からステップ6までの要素の掛け算となる。ある要素で減っても、他の部分でそれ以上に増える要素があれば、全体としての削減にはならない。

【ステップ1】交通とは、何かの目的があって人や物が移動する現象である。移動の回数（トリップ数）として表れる一人あたりの人や物の移動のニーズは、二〇二〇年という比較的近い将来を考慮すると、現状から極端には変わらないと思われる。情報化による移動削減に過大な期

図6—2 交通部門のCO_2排出の構造

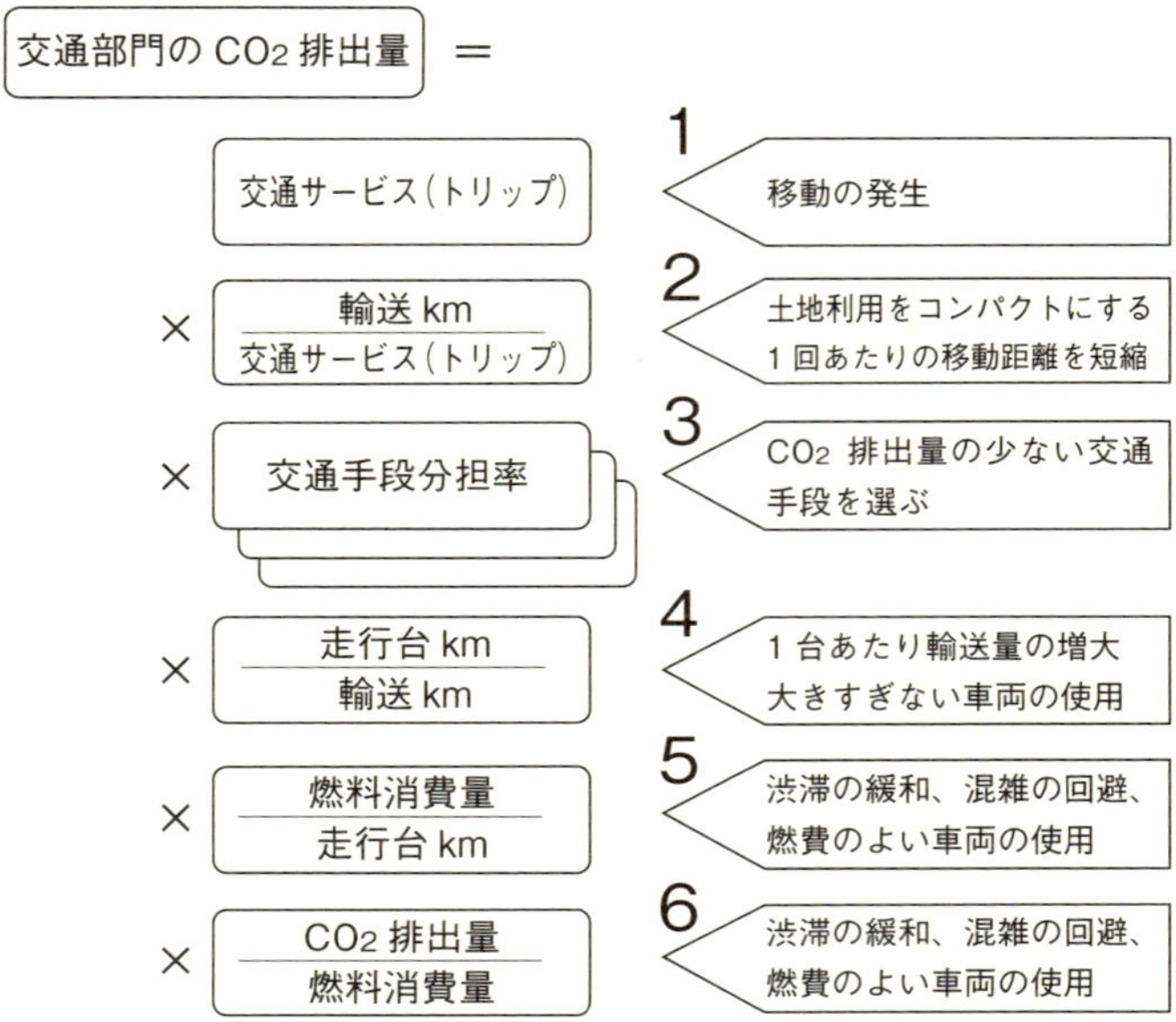

(出典)国立環境研究所脱温暖化2050プロジェクト・交通チーム「低炭素社会に向けた交通システムの評価と中長期戦略」23ページに筆者補足。

待はできない。一方で減る要素として、人口減少が影響を与える。少子化が望ましいとはいえないが、現実には人口減少が所与の条件となるであろう。

【ステップ2】同じ用件でも、一回の移動あたりの距離を短くすれば、CO_2排出量が減る。CO_2の問題だけではなく、自治体財政や都市経営の効率化の観点からも、第5章5でふれたようにコンパクトシティ政策が注目されている。高速無料化論では通勤圏・生活圏の拡大をメリットと捉えているが、移動距離が大きくなるため、自動車からのCO_2排出量を増やす方向に作用する。もとよりCO_2の問題だけでなく、第4章6で指摘したように個人にとっても住みにくい地域をつくる負の影響が大きい。

【ステップ3】交通手段の選択によってCO_2排出量が削減できる。自動車（マイカー）よりも公共交通を利用したほうが削減されることは、すでによく知られた事実である。さらに徒歩や自転車を選択すれば、その前後のステップは関係なしにCO_2排出量はゼロとなる。近距離の移動に限定されるが、もっとも効率のよい削減手段といえる。したがって、できるだけ徒歩や自転車を選択しやすい街や道路のあり方の工夫が重要である。ただし、そのための新しいインフラ（駐輪場・自転車道など）の整備には財源の制約がある。現在のように自動車を優先した道路の使い方を改め、徒歩や自転車にも配慮した道路空間の再配分を考えなければならない。

【ステップ4】ステップ3で自動車を選んだとしても、CO_2排出量を削減する要素はいくつか考えられる。たとえば同じ人数が移動する場合、目的地が同じならば、数人がいっしょに自動車に乗る方法が考えられる。すべての場合にそうした方法は取れないが、通勤では可能性がある。

【ステップ5】二つの要素がある。第一は燃費のよい車両の選択、第二は同じ車両で同じ距離を走行しても、走行状態により燃費が異なることである。前者は現在も行われている低燃費車の普及だが、国内全体の既存車両が置き換わるには一定の時間を要する。後者は従来から「渋滞緩和」が指摘され、道路整備促進の理由としてもあげられてきた。しかし、全体としては道路整備による渋滞緩和の効果は乏しく、むしろ自動車交通をいっそう誘発して、CO_2排出量の増加をもたらしてきた。また、高速無料化による渋滞緩和は局部的には有効であるが、第5章1で指摘したように、全体としては自動車交通を増加させる逆効果のほうが大きい。

【ステップ6】前ステップと重複する部分もあるが、自動車燃料として太陽光など再生可能エネルギーを利用あるいは一部置換する方法や、自動車の動力系統の全部あるいは部分的な電気化が考えられる。ただし、これに過大な期待はできない。バイオ起源の低炭素燃料の場合、栽培から加工まで含めて本当に低炭素になるかの精査や、食料用途との奪い合いに注意する必要がある。電気化の場合、再生可能電力を使用できるがエネルギー密度が低いため、用途は民生部門を優先すべきであり、陸上交通のようにエネルギー密度の高さを要求される用途には、必ずしも適していない（第5章4）。

一九八〇〜八五年レベルが目安

実際には前述のとおり、複数のシナリオやシミュレーションが並列的に提示された状態のまま、議論は中断している。マクロ経済・社会モデルとしてはこれまでにも多くの検討が報告されており、CO_2排出量と関連づけた報告も多い。中期目標検討委員会で提示された検討例としては、国立環境研究所によるモデル[5]、日本経済研究センターによるモデル[6]などがある。

しかし、いずれも交通に特化したモデルではないため、前述のステップ1〜6の要素をすべて

図6―3 交通部門の CO_2 排出量の推移と目標・BAU

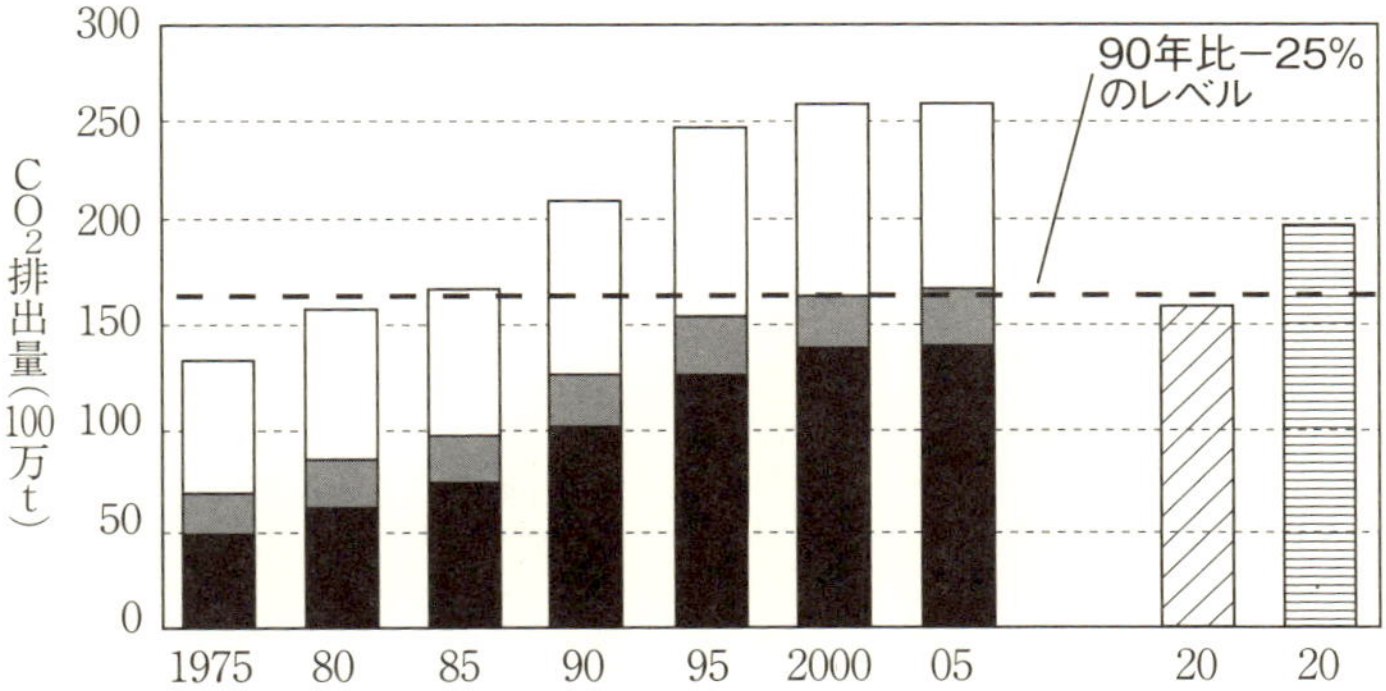

（注）■乗用車、■旅客公共交通、□貨物、▨中期目標、▤BAU。なお、BAU は Buisiness As Usual の略で、とくに追加的な対策をとらずに現状の延長線上で予測される排出量。

（出典）過去の排出量推移については、日本エネルギー経済研究所計量分析ユニット編『エネルギー・経済統計要覧』省エネルギーセンター、各年版。

反映できているわけではなく、省略されている要素も多い。これらの評価については多くの時間を要するが、本章では、ステップ1～6についてどの程度の対策を実施すれば、一九九〇年比二五％削減が可能であるかを検討する。検討の手順は、交通に限らずどの分野でも共通である。

① これまでのCO$_2$排出量の推移とその要因を整理する。

② 現状の延長では、目標年（二〇二〇年）にどの程度の量に達するかを推算する。

③ それが削減目標に達しなければ、超過量を追加的な施策を講じて削減する。

図6―3に、国内の「乗用車（自動車の意味）」「旅客公共交通」「貨物」の三分野に集約した一九七五年以降のCO$_2$排出量の推移を示した。CO$_2$排出量が増えたのは、ほと

んどが乗用車の影響である。旅客公共交通や貨物は、国内全体の増減と比較すれば一定といってもよい程度である。九〇年に日本の交通分野から排出されたCO_2は二億一七〇〇万tであった。前述のように「一九九〇年比二五%削減」とは、交通部門にも一律同じ削減率が求められるという意味ではないが、目安として二五%削減とすると、図の「二〇二〇年中期目標」で示すように一億六〇〇〇万t前後となる。それは八〇～八五年の排出量と同等レベルである。

一九八〇～八五年といえば、高速交通体系として、東海道・山陽新幹線のほか東北・上越新幹線も運行しており、航空機も大衆化していた。一方で、地域公共交通としての鉄道やバスは、現在よりもネットワークが密に存在し、サービスレベルは高かったといえるだろう。この時期以降にバブル経済による乗用車の大型化がCO_2排出量の増加に影響を与えた一方で、公共交通分野の規制緩和政策の影響もあって鉄道やバス路線の撤退が増え、サービスレベルの低下が著しくなったのである。

したがって見方を変えると、一九八〇～八五年の交通体系をイメージすれば「一九九〇年比二五%削減」は非現実的ではなく、徒歩・自転車・公共交通をおもに利用する場合にはむしろサービスレベルが高い。しかも、当時と比べると、自動車や鉄道車両のエネルギー効率は向上している。これらの条件を勘案すれば、「一九九〇年比二五%減」は達成可能であって、世上喧伝される、経済が崩壊するとか家計に重大な負担を及ぼすという認識は、適切ではないだろう。

図6―4 車両の走行量の実績と予測

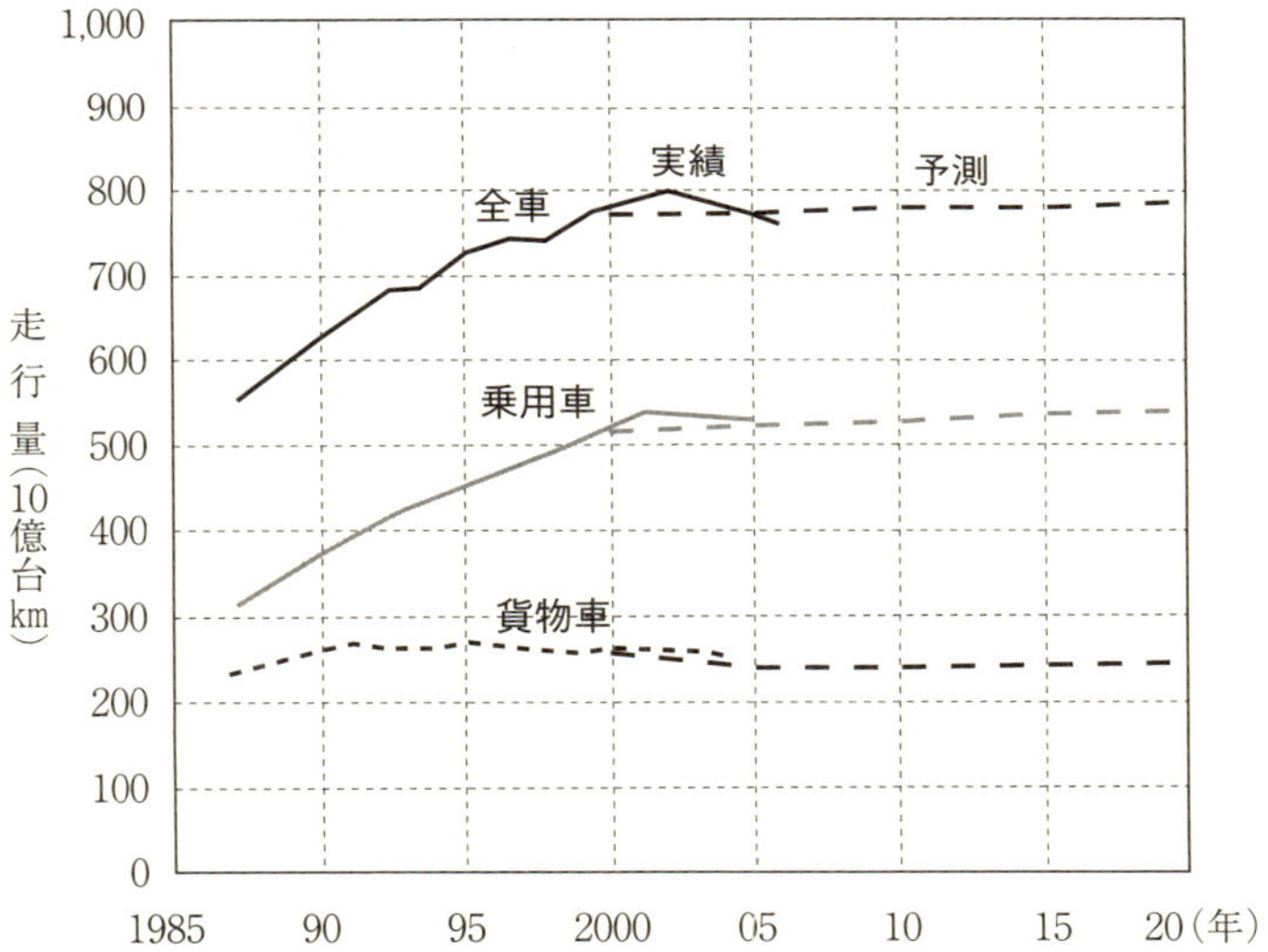

（出典）道路の将来交通需要推計に関する検討会「道路の将来交通需要推計に関する検討会報告書」2008年11月。

排出量の動向

次に、今後の排出量の動向がどのように推移するかを、おもに前述の国立環境研究所の試算に準拠して検討する。まず、自動車の走行量がどうなるかが重要だ。図6―4に、二〇〇八年一一月に見直された自動車の将来交通需要予測を示した。旧道路公団の民営化に際して、将来交通需要予測が過大であるとの指摘を受けて見直された数字であり、従来よりもかなり下方修正されている。

二〇二〇年までの予測値は、ほとんど横ばいと考えてよい。これは民生・業務分野では今後もエネルギー需要の増大が予想されていることと比べると、かなり有利な要因である。せっかくこうした好条件がありながら、高速無料化や自動車関連諸税の軽減であえて排出量を増やす政策はおおいに疑問である。

乗用車については、二〇二〇年までに、在来車の燃費が現状に対して〇・七九に改善されるとともに、エコカー（改善率が〇・五六）の普及率を三〇％と想定する。貨物車については、次世代自動車の導入は経済的な制約から行われないと想定するが、在来車の燃費改善は継続するので、現状の〇・六九と想定する。このほか、乗用車の車体の軽量化や、走行量の変化などの要因と併せて、二〇二〇年において交通部門のCO_2排出量は、図6―3の「ＢＡＵ」に示す一億九七四〇万ｔと想定される。しかし、これではまだ中期目標に届かず、約二五％の超過（排出量にして三八八〇万ｔ）となっている。

また、高速無料化による長距離移動（都道府県境越え）だけをとっても、年間八九〇万ｔのCO_2排出量増加が推定される。(7) さらに、二〇〇八年の中央環境審議会総合政策・地球環境合同部会「第二回グリーン税制とその経済分析等に関する専門委員会」においては、〇七年一〇月の国立環境研究所の推計として、仮に暫定税率が廃止された場合には、七〜八年後に二四〇〇万ｔの増加が推定されている。(8)

高速無料化の議論では一般道の渋滞緩和によるCO_2削減効果があるとされているが、それを差し引いても、自動車利用の促進によって相当な純増になる。加えて、既存公共交通からの乗客シフトや路線の廃止も増加要因となる。中長期的には、都市のスプロール化を促すことによる移動距離の増大も、増加の要因となる。

従来からの対策強化こそ重要

次に、超過分に対する対策を考える。自動車の車両そのものの効率改善はすでに見込んであるから、それ以上の削減には、①徒歩や自転車で代替できる短距離移動については自動車から転換する、②コンパクトシティ化などによって移動距離を削減する、③徒歩や自転車では無理な距離については公共交通を活用するといった、自動車交通そのものを削減する対策が必要となる。ただし、地域によって人口密度の差など地理的・社会的条件の差があるため、一律に削減をめざすことは現実的でない。

図6—5は、国内の全市区町村を三つのパターンに分類して、それぞれに属する人口と、一人あたりの旅客および貨物の交通からのCO_2排出量を示したものである。言い換えると、縦

図6—5　地域類型ごとの旅客・貨物 CO_2 排出量の相違

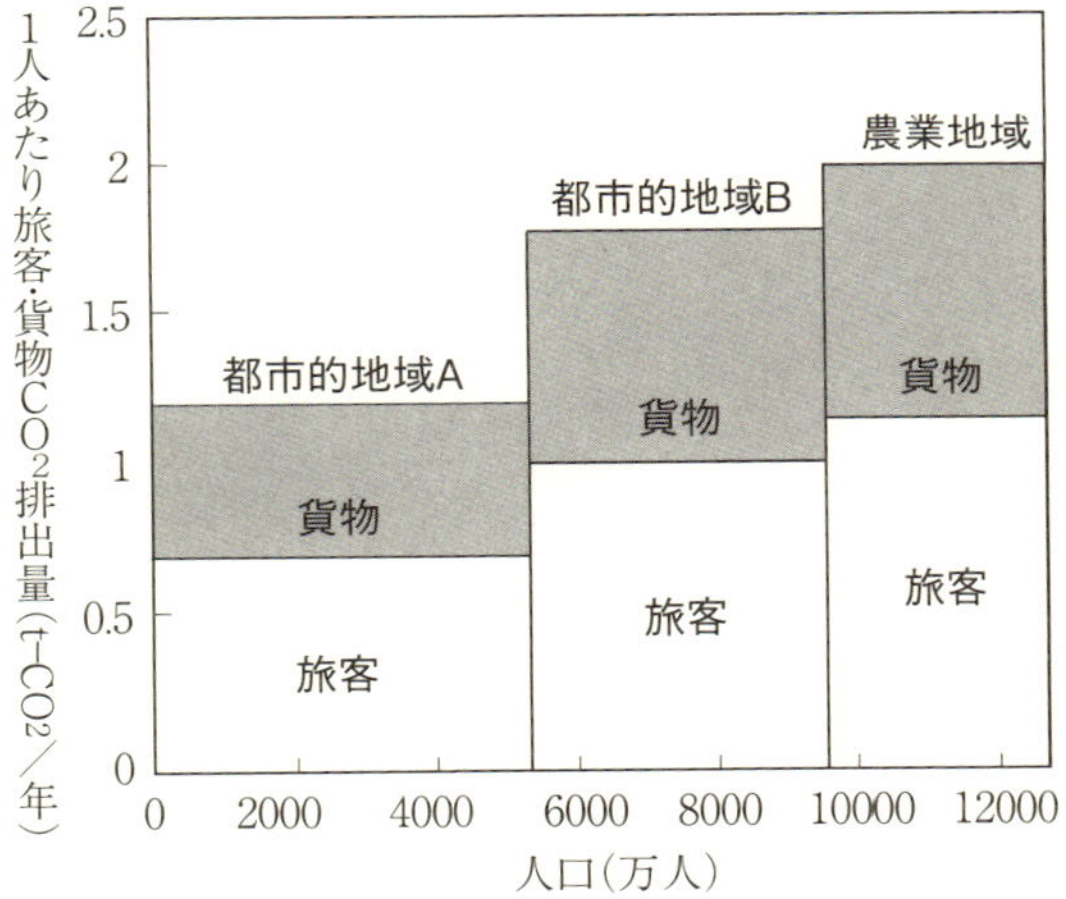

軸と横軸の数字をかけたそれぞれのスペースの面積が、パターンごとのCO_2排出量を示している。三つのパターンとは、都市的地域A（宅地面積の占める比率が高く、第4章で解説した人口密集地域面積の比率が八五％を超えるもの）・都市的地域B（宅地面積の占める比率が高く、人口密集地域面積の比率が八五％未満のもの）・農業地域（都市的地域にあてはまらないもの）である。

表6―1　パターンごとの対策による想定削減率（％）

	移動削減	コンパクトシティ	旅客モーダルシフト	貨物モーダルシフト
都市的地域A	10	5	15	10
都市的地域B	10	10	15	10
農業地域	5	0	5	10

都市的地域Aは、人口密度が高く、すでにコンパクトシティの形態になっており、公共交通の利便性も高いので、一人あたりの旅客・貨物のCO_2排出量は少ない。首都圏や京阪神圏の大都市が、これに該当する。都市的地域Bは、中京圏、多くの県庁所在都市、その他の中小都市で、都市的地域Aよりも一人あたりの排出量は多い。農業地域は、交通を自動車に頼らざるをえず、公共交通の利便性も低いので、一人あたりの排出量はさらに多い。このように、移動の削減や公共交通への転換しやすさなどをパターンごとに考慮して、前述の①〜③による転換率を表6―1のように設定すると、全体として削減量は三八四〇万tとなり、おおむね目標に到達する。

いずれにしても、高速無料化などの逆行政策をとれば、その分だけ「エコカー以外販売禁止」など別の側面でますます無理な対策を要求される結果を招く。現実的な施策の範囲で中期目標を達成するには、従来からの交通対策の着実な実施が重要である。そして、その到達点は、前述のように一九八〇～八五年の交通体系のイメージであって、徒歩・自転車・公共交通をおもに利用する場合には現在よりサービスレベルが高い。自動車を保有・使用できない人びとの移動の自由も拡大し、総合的に国民の費用負担が少なくてすむ交通体系なのである。

なお、地方部での公共交通の活用について補足しておきたい。「大都市以外では公共交通は省エネにならない」「公共交通の乗車率が低い場合には、乗用車のほうが省エネになる」という誤った説が昔から流布されている。[9] この説明は、乗車率が低いと乗客一人あたりのエネルギー消費量が乗用車より多くなる場合があることを理由としている。しかし、そこから地方部ではモーダルシフトを行わないほうが省エネになるという結論を導くのは、論理的にまったく誤りである。

乗車率の低い公共交通機関の乗客が多少増減しても、公共交通のエネルギー消費量にはほとんど変化がない。一方で、乗用車から公共交通に利用者がシフトすれば、それだけ乗用車の走行量が純減する。したがって、乗車率が低くても、既存の公共交通があるかぎりモーダルシフトを行なったほうがCO_2の削減になる。「乗用車のほうが省エネ」は、公共交通の廃止を促し、自動車の増加を期待する人びとが流布する議論である。

すでに進展している政策を着実に実施し、さらに加速すれば、人びとの暮らしの質を向上させつつ、無理な対策の導入も避けながら、交通部門においてCO_2の排出量を一九九〇年比で二五％削減できる可能性がある。だが、高速無料化などの逆行政策を回避できなければ、中期目標の達成は困難となる。今回のCO_2削減目標を、交通体系変革の好機として捉えるべきであろう。

低炭素交通システムと経済・雇用

自動車の利用から公共交通への転換によって、CO_2排出量が減少できるのはいうまでもない。ただし、その際に経済や雇用にどのような影響が生じるかも検討しておく必要がある。自動車の保有や使用が減少すると、経済や雇用にマイナスの影響を及ぼすという懸念が示される場合があるが、定量的な検討に基づいて判断すべきである。そのシミュレーションにはいくつかの方法があり、ここでは産業連関分析を利用して検討してみよう。

この手法では、消費者（世帯）が、どの分野にどれだけの額を支出するかによって、社会全体として、どの産業にどれだけの生産誘発効果が生じるのか、また雇用が創出されるのかを推計できる。さらに、その結果を通じて、CO_2排出量も推計できる。(10)

いま、第2章6で例示した平均的な乗用車の使い方（日本自動車工業会のモデル）を「自動車ケース」とする。自動車ケースでは、一世帯で一年あたり、車体の購入費（年割）・ガソリン代・整備費・高速道路料金などで、合計三五万円（税別）を支出する。これらの支出が次々と各分野に波及し、最終的には企業や個人の収入になる。表6―2に示す「付加価値の発生額」がそれにあたる。こ

表6―2　自動車と鉄道の経済・雇用効果の比較

項　　目	自動車ケース	鉄道ケース
1世帯の年間支出額	35万円	35万円
付加価値の発生額	38万円	45万円
CO_2排出量	2,647kg-CO_2	2,186kg-CO_2
付加価値あたりのCO2排出量	70kg-CO_2/万円	49kg-CO_2/万円
雇用創出数	0.037人	0.042人

れを全国で合計した額が、経済指標として代表的なGNPとほぼ同じである。したがって、表の数字は「GNPの増加分」と読み替えてもよい。

一方、自動車の保有・使用を止めて同額を鉄道の利用に支出する場合を「鉄道ケース」とする。実際には、同じ三五万円の支出でも、鉄道ケースでは自動車ケースよりも長い距離を移動できるが、ここでは説明を単純化するために、同額を支出すると想定して計算する。

その結果、表にみられるように、鉄道ケースでは付加価値にして一八％増加し、CO_2排出量は一七％少なくてすむ。すなわち、鉄道のほうが経済的にも環境的にも効率のよいシステムである。さらに、雇用創出の面でも、鉄道ケースのほうが一四％多くなる。逆に、「付加価値(GNP)あたりのCO_2排出量」「雇用創出数あたりのCO_2排出量」という見方をすれば、鉄道ケースのほうが、同じ経済活動や雇用を維持しながら排出量が少なくてすむ。

ときおり語られるような「自動車が売れなくなると経済が崩壊する」といった懸念は、根拠の乏しい思い込みにすぎない。効果が疑わしい高速無料化よりも、鉄道の利用促進のほうが、経済・雇用面からも望ましい。

加えて、次のような状況も考える必要がある。鉄道事業者は、合理化のおもな方策として、車両や設備の自動化・機械化による人員削減を推進してきた。交通エコロジー・モビリティ財団では、高齢者や障がい者が公共交通機関を利用するにあたって不便な点として指摘された情報を「不便さデータベース」として公表している[(11)]。それによると、鉄道の場合、駅員がいない(少ない)、自動券売機や自動改札などの無人化された機器が使いにくいという指摘が多くみられる。その一方で、障がい者の利用の増加などにともない、鉄道側でも「アテンダント」「サービス介助士」などの名称で、むしろ人を増やす方向での見直しの動きもみられる。こうした面から考えれば、鉄道における雇用創出数をさらに大きくすることも可能であろう。

(1) http://www.dpj.or.jp/news/?num=9384
(2) 都市内での渋滞緩和や環境の改善を目的に、都市中心部の一定区域に流入する自動車に課金して交通量を調節する方策。最近では、ロンドンでの実施例がよく知られている。また、都市区域だけでなく、特定の道路の交通量を調節する方法として通行料金の増減を行うことも、ロードプライシングと呼ばれる。
(3) http://www.kantei.go.jp/jp/singi/tikyuu/kaisai/index.html
(4) 自動車交通量の増加に対応して道路などの施設を増やす代わりに、公共交通への転換を促進するなどの方法によって、自動車交通量を調節する方策。渋滞の緩和、環境の改善、道路施設の整備の費用負担の軽減などを目的として行われる。

（5）国立環境研究所「AIM/Enduse [Japan] による二〇二〇年排出削減に関する検討」二〇〇九年三月。

（6）日本経済研究センター「日本経済研究センターの一般均衡モデルによる分析」二〇〇九年三月。

（7）気候ネットワーク「高速道路政策に関する検証ペーパー」二〇〇九年八月。http://www.kikonet.org/iken/kokunai/2009-08-21.html

（8）http://www.env.go.jp/council/16pol-ear/y164-02.htm。

（9）今野源八郎・岡野行秀『現代自動車交通論』東京大学出版会、一九七九年。

（10）国土交通省総合政策局「簡易産業連関分析モデル」（一三八ページ注(17)）、国立環境研究所「産業連関表による環境負荷原単位データブック」（一六七ページ注(6)）などを組み合わせて計算できる。

（11）交通エコロジー・モビリティ財団「高齢者・障害者等の公共交通機関不便さデータベース」。http://www.ecomo.or.jp/barier_free/fubensa/index.html"

おわりに

コモンズからは、二〇〇二年に自動車の社会的費用の再論として『自動車にいくらかかっているか』を刊行していただいた。その後、道路政策をめぐって二〇〇三〜〇四年に、旧道路公団の民営化を契機として「必要な道路、ムダな道路とは何か」の議論が社会的に注目され、〇六年一二月には、道路特定財源を段階的に一般財源化する方向性が当時の与党から提示される。こうした背景から、〇七年に『脱・道路の時代』を執筆し、市民が道路政策に主体的に参加する手がかりを提供することを試みた。幸い、同書は道路問題にかかわる市民に入門書として広く利用していただいているので、併せて参照していただきたい。

しかし、その後も、いわゆる「ムダな道路」が止まらず、各地で市民と紛争を起こしながら建設が推し進められてきた。こうした状況のなかで、二〇〇九年の政権交代では「コンクリートから人へ」という民主党の姿勢が多くの人びとの支持を集めた一方で、高速無料化や自動車関連諸税の軽減という、自動車や道路の負の側面を増加させる政策も提案されている。「政権変われど利権変わらず」では、ムダな道路建設は止まらない。地方分権・財源移譲といえば聞こえはよいが、それだけに地方自治に対する市民参加がいっそう重要となる。

また、高速道路と直接には関係がないので本文には含めなかったが、いわゆる「ハコモノ」よりも、福祉や社会保障に社会的な資源を投じたほうが、付加価値の創出や雇用創出効果が高いことは、以前からよく知られている。第6章3に示した産業連関分析を利用して試算すると、たとえば公共工事に一億円支出したケースと、福祉・社会保障事業に同額を支出したケースを比較すると、後者のほうが、付加価値の創出（GNPの増加）も雇用の創出数も六～八％上回る。しかも、CO_2排出量は三二％も少ない。これこそが「コンクリートから人へ」であり、「グリーンニューディール」とも呼ばれる施策である。

これらに関する問題を提起したいと考えていたところ、大江正章氏のご尽力により、再度コモンズからタイミングよく本書を刊行できた。ここに厚く感謝を申し上げたい。

なお、本書の執筆にあたり、これまでと同じく多くの方々から貴重なご指導とご協力をいただくとともに、先人の研究成果を活用させていただいた。なかでも、須田春海氏（市民運動全国センター）には政策全般について常にご指導をいただいている。また、竹下涼子氏（環境自治体会議）と平田仁子氏（気候ネットワーク）には、執筆中つねに励ましていただいた。新井洋子氏（高尾山の自然をまもる市民の会）には各種情報収集に関して、報道記事の整理には井坂洋士氏（持続可能な地域交通を考える会）にご協力をいただいた。記して、改めてお礼を申し上げたい。

二〇一〇年一月

上岡直見

〈著者紹介〉

上岡直見（かみおか・なおみ）

1953年　東京都生まれ。

1976年　早稲田大学大学院修士課程修了。技術士（化学部門）。

1977～2000年　化学プラントの設計・安全性審査に従事。

現　在　環境自治体会議環境政策研究所主任研究員、法政大学非常勤講師（環境政策）。

主　著　『鉄道は地球を救う』（日本経済評論社、1990年）、『交通のエコロジー』（学陽書房、1992年）、『乗客の書いた交通論』（北斗出版、1994年）、『クルマの不経済学』（北斗出版、1996年）、『脱クルマ入門』（北斗出版、1998年）、『地球はクルマに耐えられるか』（北斗出版、2000年）、『自動車にいくらかかっているか』（コモンズ、2002年）、『持続可能な交通へ――シナリオ・政策・運動』（緑風出版、2003年）、『市民のための道路学』（緑風出版、2004年）、『新・鉄道は地球を救う』（交通新聞社、2007年）、『脱・道路の時代』（コモンズ、2007年）、『道草のできるまちづくり』（共編著、学芸出版社、2009年）。

高速無料化が日本を壊す

二〇一〇年二月一五日　初版発行

著　者　上岡直見

発行者　大江正章

発行所　コモンズ

東京都新宿区下落合一—五—一〇—一〇〇二

TEL〇三（五三八六）六九七二

FAX〇三（五三八六）六九四五

振替　〇〇一一〇—五—四〇〇一二〇

info@commonsonline.co.jp

http://www.commonsonline.co.jp/

印刷・東京創文社／製本・東京美術紙工

乱丁・落丁はお取り替えいたします。

ISBN 978-4-86187-068-2 C0036